르블랑의 십일조 인물 모음집은 드리는 삶이 어째서 부담스런 의무가 아니라 우리를 빚어내는 하나의 연습인지를 보게 해준다. 이 책은 청지기적 삶을 가르치거나 설교하기보다 다양한 사람들의 십일조 이야기를 직접 들려준다. 그들의 동기는 각자의 배경만큼이나 다양하며 이 훈련이 그들의 삶에 맺는 열매도 역시 다양하다. 아직 십일조로 '하나님을 시험해' 보지 않았다면 이들의 이야기에 끌려 당신도 해 보고 싶어질 것이다.

- 베스 메이너드(Beth Maynard) 목사,
Get Up Off Your Knees: Preaching the U2 Catalog

보수적인 복음주의자, 성공회 신부, 진보적인 활동가, 반전주의자, 천주교 몬시뇨르, 흑인 교회 목사, 동방정교회 작가, 유대교에서 개종한 안식교 교인. 이중에서 십일조를 하는 데 가장 적합한 인물은 누구일까? 정답은 물론 모두 다이다! 르블랑의 책은 고정 관념을 부수어 버린다. 이 책에서 보듯이, 십일조는 우리의 우선순위를 바로잡아 준다. 그래서 우리의 초점을, 끝없이 교회를 갈라놓는 이슈들이 아니라 예수님 안에서 우리에게 모든 것을 주신 하나님께 두게 한다. 감동적인 이 이야기들은 하나님의 은혜가 예기치 못한 장소와 사람들 속에서 특별한 방식으로 역사함을 보여 준다. 아울러 십일조라는 영성 훈련이 우리 모두가 부름 받은 일임을 증명해 준다.

- 네이턴 J. A. 험프리(Nathan J. A. Humphrey) 신부,
Gathering the Next Generation: Essays on the Formation and Ministry of GenX Priests

십일조

— 긍휼의 삶으로 은혜의 복음을 만나다

더글라스 르블랑 지음 | 윤종석 옮김

IVP

Tithing
Copyright © 2010 by Douglas LeBlanc
Translated by permission of Thomas Nelson, Inc.
501 Nelson Place, Nashville, TN 37214, USA.
All rights reserved.

Korean Edition © 2011 by Korea InterVarsity Press
156-10 Donggyo-ro, Mapo-gu, Seoul 04031, Republic of Korea.

Translated and used by permission of Thomas Nelson, Inc. through arrangement of rMaeng2, Seoul, Republic of Korea.

본 저작물의 한국어판 저작권은 알맹2를 통하여 Thomas Nelson, Inc.와 독점 계약한 IVP에 있습니다.
신 저작권법에 의하여 한국 내에서 보호받는 저작물이므로 무단전재와 무단복제를 금합니다.

The Ancient Practices Series 04

Tithing

Douglas LeBlanc

아버지를 기념하며

서문　　11

감사의 말　　15

시작하는 말　　17

1. 다른 사람들이 목숨이라도 부지하도록　　25
   론과 아뷰터스 사이더

2. 카트리나 이후의 선교적 삶　　37
   제리와 스테이시 크레이머

3. 전통을 잇는다　　51
   그레고리와 프레더리커 매튜스 그린

4. 보증금　　63
   존 슈위버트

5. 보물을 하늘에 쌓아 두라　　73
   랜디 알콘

6. "못하겠다고 말하지 말라"　　85
   제럴드 재뉴어리

7. 깊은 기쁨과 깊은 갈망의 만남　　97
　　케빈 존스

8. 공동체 의식　　111
　　마크 켈너

9. "늘 주시는 것이 하나님의 속성이다"　　123
　　에드 베이컨

10. "나나 당신에 대해서도 그런 이야기를 합니까?"　　137
　　이스로엘 밀러

11. 의로운 숫자 계산　　151
　　존과 실비아 론즈벌

맺는말 _ 청지기적 삶은 하나님께 드리는 감사다　　165
　　　　토머스 맥그리드

주　　169

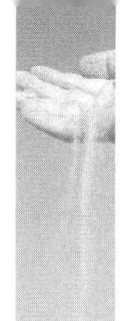

서문

고대의 일곱 가지 신앙 훈련(practices)을 이전에는 고대의 일곱 가지 수련 (discipline)이라 불렀으나 시대가 변하면서 말도 함께 변한다. **수련**이라는 개념은 세월이 가면서 인기를 잃었고, 그 대신 **훈련**(연습)이라는 말의 어감이 더 자발적이고 그래서 반감을 덜 준다. 명칭이야 뭐라고 부르든 신앙 생활에서 이 일곱 가지는 몸의 활동과 시간의 경과를 감시하거나 지도하는 수단이다. 그중 세 가지—금식, 성찬, 십일조—는 몸과 몸의 결실과 몸의 욕구를 다스리고, 나머지 네 가지—성무일도, 안식일, 절기 지키기, 순례—는 시간의 경과를 다스리거나 그 윤곽을 정해 준다.

일곱 가지 중에 우리들 대부분에게 어색하거나 약간 도를 넘어 보이는 것은 두 가지뿐이다. 즉, 금식과 십일조는 왠지 다른 다섯 가지보다 더 사적인 일로 보인다. 그래서 여간해서 대화의 주제가 되지 못하고 간과되기 쉬우며, 이는 신실한 사람들 사이에서조차 마찬가지다. 그 둘 중에서도 더 논하기 어려운 것은 단연 십일조다. 하지만 역설적이게도 우리에게 전수된 지 가장 오래된 것은 십일조와 성찬이다. 성찬처럼 십일조 역시 아브람의 이름이 아브라함으로 바뀌기도 전인 아득한 옛날부터 우리의 이야기 속에 등장한다. 아브람이 멜기세덱에게 주었던 것이 최초의 십일조였다. 오랜 세월이 흐른 후에 기독교 신학은 그 사실에 큰 비중을 두게 되어, 바울은 레위를 비롯한 모든 제사장 역시 "아직 조상 아브라함의 허리에" 있을 때 십일조를 바쳤다고 역설했다.

십일조의 역사가 얼마나 오래되었든 혹은 윤색되었든 그것과 관계없이 우리 그리스도인들은 성직자나 신학자가 십일조를 가르치고 요구하면 발끈하거나 저항하거나 뒤로 움츠러드는 경향이 있다. 내가 속한 '기관'이 어디이든 그 기관이 원하는 것은 내 돈뿐이며 십일조의 영적 유익에 대한 관심은 순전히 2차적, 3차적이라는 것이 우리의 본능적 반응이다. 우리 중에 그런 본능적 저항을 극복하는 사람이 있다 해도, 십일조가 율법적인—사실 나머지 여섯 가지보다 훨씬 더 율법적인—일이라는 꺼림칙한 느낌은 가시지 않는다. 종교개혁 이후를 사는 우리의 생각에 십일조는 은혜의 신약 시대가 오면서 사라졌어야 할 구시대의 유물처럼 보인다.

요컨대 십일조는 정말 말을 꺼내기 어려운 주제이며 설득은 고사하고 공감을 얻기가 거의 불가능한 주제다. 영성의 보화 시리즈 가운데 한 권으로 이 책을 써 달라고 더그 르블랑에게 부탁할 때 나는 그 점을 익히 알고 있었다. 나는 그와 오랜 세월을 동료이자 친구로 지내 오면서 그의 명쾌한 사고, 한결같이 탄탄한 기독교 신앙, 복잡한 문제를 알기 쉽게 풀어내는 탁월한 솜씨에 늘 감탄하곤 했다. 그래서 나는 그가 고대의 일곱 가지 영성 훈련 중에서 가장 어려운 주제인 십일조에 관해서 쓸 적임자라고 생각했다.

더그가 이 일에 열정적인 반응을 보이며 열의에 불탔다고는 결코 말할 수 없다. 오히려 한참 침묵이 흐른 뒤에 그는 한두 가지를 물었고, 그러고도 답이라고는 "기도해 보겠다"는 말뿐이었다. 그는 기도했고 그 결과가 지금 당신의 손에 들려 있는 책이다.

그는 십일조를 논하되 십일조의 역사에 관한 장문의 논고 또는 비평과 지루한 신학적 논증으로 하지 않았다. 오히려 그는 과연 르블랑답게 현재 십일조를 하고 있고 그 이유를 공개할 마음이 있는 사람들을 찾아내기로 했는데, 내 생각에 그것은 천재의 괴력이나 천사들의 투지 또는 그 둘 다를 요하는 일이었다. 더그가 그들의 이야기를 그들 자신의 말로 모아 놓은 것이 바로 이 책이다.

이 책을 읽으면 독자들이 십일조를 하게 될까? 그야 누가 알겠는가? 어쩌면 그것은 요지가 아닐지도 모른다. 요지는 이 책을 읽고 나서 우리에게 두 가지 확신이 생기는 것이 아닐까 싶다. 첫째는 십일조가 가능하다는 것, 둘째는 십일조는 우리를 빚어 주므로 이 영성 훈련에 들어갈 이유가 충분하다는 것이다. 이 훈련을 실행할 것인지 아닌지는 우리 각자가 기도하며 정할 문제다. 다만 우리 모두에게 닥쳐올 변화라면, 아무런 입장도 취하지 않던 기존의 입장만큼은 누구도 더는 취할 수 없다는 것이다. 이 책을 읽고 나면 우리는 각자가 결정을 내려야 함을 알게 될 것이고, 그것이 어떤 의미의 결정인지도 직접 보게 될 것이다.

필리스 티클(Phyllis Tickle)
영성의 보화 시리즈 편집자

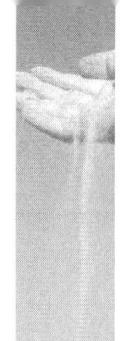

감사의 말

원고가 잘 진척되고 완성되어 가는지 수시로 물어보아 주고 격려의 말을 해준 내 친구들, 데이비드 핸디, 트리버 하우저, 마이클 노이즈, 피비 페틴절, 버논 플랙, 팀 리돌피, 데이비드 버튜에게 감사한다.

십일조를 하는 신자들을 직접 만나 인터뷰를 해야겠다는 비전은 존 스위니와 저녁식사를 함께하며 나눈 따뜻한 대화에서 싹텄다. 이 책은 그 인터뷰 내용들을 기록한 것이다.

"피츠버그 프레스-가제트"(Pittsburgh Press-Gazette) 지의 스티브 레빈은 이스로엘 밀러 랍비를 찾아내도록 도와주었다. 리 펜은 존 슈위버트를 찾아내도록 도와주었고, 다른 친구들과 마찬가지로 수시로 책에 대해 물어보아 주었다.

패서디나 올 세인츠 성공회 교회의 매런 톰킨스와 사역 기관인 '영원한 관점'(Eternal Perspective)의 캐시 노키스트는 내가 도움을 청할 때마다 기꺼이 바쁜 일정을 조정해 주었다.

내가 다니는 리치몬드의 세인트 매튜 성공회 교회(St. Matthew's Episcopal Church)의 찰스 앨리 신부는 온유한 감시자 역할과 함께 기도로

힘이 되어 주었고, 각 장의 초고를 읽고 유익한 반응을 들려주었다.

아내 모니카는 다른 자유 기고를 밀쳐두고 한동안 이 책에 집중하기로 한 내 결정을 축복해 주었다. 글쓰기에 대한 내 열정 때문에 가정이 재정적으로 불안정했을 때가 그동안 너무 많았는데, 그때마다 아내는 은혜로 그것을 받아들여 주었다. 아내는 또 시작하는 말에 들어갈 중요한 관련 본문들도 찾아 주었다. 아내의 아낌없는 사랑이 나를 겸허하게 한다.

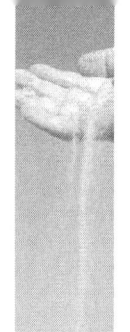

시작하는 말

1990년대 초에 나는 콜로라도스프링스의 어느 작은 교회의 가정 성경 공부 모임에 속해 있었다. 내가 태어난 루이지애나 주 배턴루지를 떠나 다른 고장에서 살기는 그때가 처음이었다. 이번 구역 모임도 이전의 다른 모임들과 마찬가지로 내게 소속감을 주었다. 그 외의 다른 곳이 완전히 낯선 주와 도시여서만이 아니라 기독교 교회의 형제자매들과 함께 있어서 그랬다. 구역 모임에 대한 내 기억은 대부분 따뜻한 것들이다.

딱히 불쾌했던 것은 아니지만 거의 20년이 지난 지금도 나를 당황하게 하는 기억이 하나 있다. 우리 멤버 하나가 십일조는 한낱 율법주의에 지나지 않고 현대 그리스도인들이 진정한 제자도의 훨씬 값진 요구를 회피하는 길이라며, 십일조를 맹렬히 비난한 일이 몇 차례 있었다. 특히 그 형제는 하나님이 우리 소유의 10퍼센트만이 아니라 전부를 원하신다고 열변을 토했다.

신학적 양식으로나 주중에 묵상할 내용으로는 그것도 다 좋겠지만, 우리가 모이던 장소는 현대의 신도시였다. 우리 모임의 멤버들은 평소에 많은 돈을 기부하거나 무료 급식소에서 함께 봉사하는 사람들이 아니었고, 편안한 곳에 함께 모여 커피나 음료수를 마시며 신앙을 논하는 것 외에는 별로 더 하는 일이 없었다. 우리에게 신앙이란 이미 쾌적한 우리의 삶을 더 쾌적하게 해주는 무엇이었다.

그 뒤로 나는 십일조를 거의 경멸조로 말하는 부유한 그리스도인들을 만나면 약간 회의적인 마음이 든다. 그들은 십일조라는 개념 자체가 목회적으로 둔감한 것이라는 내용으로 따분한 책을 쓰기도 하고, 기독교 지도자들을 기회주의자로 일축하면서 그들에게 차라리 다른 세일즈 분야에서 정직한 일자리를 찾으라고 일침을 가하기도 한다.

내가 자라난 가정은 내가 청소년이 될 때까지 십일조를 하지 않았다. 나의 형은 '예수 운동'(Jesus Movement)을 통하여 그리스도인이 되었다. 제2차 세계 대전 참전 용사이며 심성이 온유했던 아버지는 형이 너무 깊이 빠져들었다는 생각에 당황하여 자신도 성경을 읽기 시작했는데, 아마도 예수님이 사람들에게 자신을 따르되 너무 과하게는 말라고 권하신 말씀을 찾으려 했던 것 같다. 1년도 못 되어 아버지와 어머니는 '살아 있는 신앙'(Faith Alive)이라는 부흥 운동을 통하여 신앙을 갖게 되었다.

내가 어렸을 때 우리가 다녔던 성공회 교회는 경건하지만 지나치게 형식적이었는데, 아버지는 곧 다른 성공회 교회로 옮기겠다고 했다. 새 교회는 '살아 있는 신앙' 주말 집회를 열어 우리 가정의 삶을 바꾸어 놓은 곳이었다. 또한 내 기억에 1년도 못 되어 아버지는 십일조를 시작하겠다고 공언했다. 어머니는 한동안 강하게 저항했으나 아버지가 헌신되어 있음을 곧 알게 되었다. 새로 회심한 레스터 루이스 르블랑이 하나님이 명하시는 일이라 믿고 뭔가에 헌신되어 있으면 저항은 부질없는 짓이었다.

그날부터 십일조는 눈앞의 산 교훈이 되었다. 부모님은 총소득에서 십일조를 떼어 새로 만난 영적 가정인 교회에 냈다. 아버지는 그 문제가 말라기 3:10에 분명히 나와 있다고 믿었다. "만군의 여호와가 이르노라. 너희의 온전한 십일조를 창고에 들여 나의 집에 양식이 있게 하고 그것으로 나를 시험하여 내가 하늘 문을 열고 너희에게 복을 쌓을 곳이 없도록 붓지 아니하나 보라."

아버지는 성경을 열심히 읽었고 어떤 문제든 영적 정곡을 찌르는 직관력 같은 것을 갖고 있었다. 형편상 초등학교밖에 다니지 못한 분이었지만 나는 아버지와 함께 신학에 대해 대화하는 게 참 좋았다. 아버지는 학교 교육의 공백을 지혜와 겸손으로 극복했기 때문이다. 아버지와 나눈 신학적 대화가 교회 교부들에까지 이른 적은 없었다. 교부들을 깊이 생각하기에는 내가 너무 어렸고, 아버지는 아버지대로 혹 교부들의 글을 읽었다 해도 그 깊은 학식을 들이대 내 미숙한 생각을 누르려 하지는 않았다.

아버지는 1992년에 돌아가셨다. 심장 수술 자체는 성공적으로 이루어졌으나 한 달간 중환자실에 있으면서 폐렴이 도졌다. 아버지는 십일조 하는 르블랑 집안이 되기로 작정했고 그대로 살았다. 자신이 실천한 그 원리들을 교부들도 인정했음을 안다면 틀림없이 아버지는 기뻐할 것이다.

열두 사도를 통하여 이방인들에게 주시는 주님의 가르침을 담은 「디다케」(*Didache*)는 후히 드리는 그리스도인의 삶의 중요성을 이렇게 강조한다.

누구든 너희에게 구하는 자에게 주고 도로 달라 하지 말라. 아버지께서는 그분의 선물이 모두에게 돌아가기를 원하신다. 명령대로 주는 자는 복이 있나니 그는 순결하다.… 받을 때만 손을 내밀고 줄 때는 손을 거두는 사람이 되지 말라. 너희 손으로 일하여 뭔가를 벌거든 너희 죄의 속전을 내야 한다. 주저하지 말고 주고, 줄 때 불평하지도 말라. 선하게 보상해 주시는 분이 누구인지 너희도 안다.… 참 선지자가 있어 너희 가운데 머물려 하거든 그는 자기 양식을 받을 권리가 있다. 마찬가지로 참 교사도 일꾼처럼 자기 양식을 받을 권리가 있다. 그러므로 포도즙 틀과 타작마당과 소떼와 양떼의 모든 첫 열매를 취하여 선지자들에게 주라. 그들이 너희의 대제사장이다. 선지가가 없거든 가난한 사람들에게 주라. 빵을 만들거든 첫 열매를 취하여 계명대로 주라. 마찬가지로 포도주 병이나 기름병을 따거든 첫 열매를 취하여 선지자들에게 주라. 돈이든 옷이든 기타 무슨 재산이든 합당해 보이는 첫 열매를 취하여 계명대로 주라.[1]

존 카시안(John Cassian)의 「영적 담화」(Conferences)에는 십일조가 그리스도인의 헌금의 출발점이라고 더 분명히 밝혀 놓은 대목이 나온다.

이렇듯 결실의 십일조를 충실히 드리는 사람들도 주님의 더 오래된 규례들에 순종하고도 복음의 고지에 오르지 못할진대, 이것조차 하지 않는 사람들이 거기에 얼마나 못 미칠지는 자명한 이치다.[2]

교부들의 글에서 우리는 그리스도인들이 십일조라는 유대교의 관습을 이어가야 한다는 전제뿐 아니라 기독교 지도자들이 이 헌금을 어떻게 분배해야 하는가에 대한 지침도 볼 수 있다.

> [주교]는 하나님의 명령대로 드려진 십일조와 첫 열매를 하나님의 사람으로서 사용해야 한다. 아울러 가난한 사람들, 고아들, 과부들, 병자들, 고달픈 나그네들을 위하여 자원하여 드려진 헌금도 분배를 맡기신 하나님을 회계 감사자로 모시고 바르게 분배해야 한다. 궁핍한 모든 사람에게 의롭게 분배하라. 주님의 것들을 너희 자신도 사용하되 남용하지는 말고, 먹되 너희가 다 먹지는 말라. 궁핍한 사람들에게 나누어 주고, 그리하여 하나님 앞에 너희의 흠 없는 모습을 보이라.[3]

내가 이 책에 소개한 그리스도인 프레더리커 매튜스 그린은 초대 교회의 세 성인의 말을 인용했는데, 마침 그것은 자신의 헌금 생활에 대하여 이미 나와 대화한 랜디 알콘의 연구 결과에서 인용한 것이다.

- "유대인은 정기적인 십일조에 속박되어 살았으나 자유를 얻은 그리스도인은 더 큰 희망이 있기에 재산의 적은 부분만이 아니라 전 재산을 주님께 돌리고 아낌없이 나눈다"(이레니우스).
- "십일조는 빚이자 의무이다. 따라서 십일조를 자원하여 드리지 않는 사람은 절도죄를 짓는 것이다. 그러므로 누구든지 확실히 상을 받고 싶은 사람은… 십일조를 드리고 나머지 아홉으로도 구제에 힘쓰라"(아우구스티누스).
- "누구든지 이것을 행하지 않는 사람은 하나님의 것을 빼앗고 가로채는 죄를 짓는 것이다"(히에로니무스).[4]

나는 신학적인 호기심이 강하고 종교 분야의 작가로 외길을 걸어왔지만 그렇다고 신학자나 주석가는 아니다. 내가 어느 정도 권면하거나 가르칠 수 있다면 그것은 다분히 다른 사람들의 인생 이야기를 통해서다. "네 이야기가 아니니 일인칭 시점은 최대한 삼가라." 이것은 보수 언론인들 사이에서 흔히 볼 수 있는 근본주의에 가까운 시각인데, 내게도 그런 경향이 있다. 이 책에서도 일인칭 시점은 등장인물 가운데 나와 구면인 몇 사람에 관한 중요한 배경을 소개할 때로 제한될 것이다.

이 이야기들을 쓰느라 나는 일곱 개 주의 여남은 개 도시를 다녔다. 이 작은 책이 십일조나 그에 관한 신학을 전부 다 다룬 것처럼 부풀릴 생각은 없다. 그보다 이 책은 기자의 현장 취재에 더 가깝고, 취재에 응한 사람들은 십일조가—또는 하나님이 넘치도록 후하신 분이라는 더 넓은 시각이—자신의 영적 삶의 다른 부분들에 어떤 영향을 미쳤는지를 들려준다. 필요에 따라 각자의 십일조에 대한 자세한 내용보다 영적 삶의 전반적 이야기에 더 많은 시간을 할애한 장도 있다.

매일의 정해진 기도나 성경을 읽는 시간과는 달리 십일조에는 매일 또는 매주의 묵상이 수반되지 않는 경향이 있다. 그보다 십일조는 배경에 깔린 습관으로서, 우리의 삶이 우리의 것이 아님을 일깨워 주는 역할을 할 때가 더 많다. 하나님은 자신의 목적을 이루어 가시는 과정에서 우리에게 자발적으로 동참할 수 있는 기회를 너그러이 베푸시는데, 그런 점에서 십일조는 기도와 같다. 우리가 하나님께 우리의 삶에 어떻게 개입해

> 십일조에는 매일 또는 매주의 묵상이 수반되지 않는 경향이 있다. 그보다 십일조는 배경에 깔린 습관으로서, 우리의 삶이 우리의 것이 아님을 일깨워 주는 역할을 할 때가 더 많다.

달라고 기도로 알려드릴 필요가 없는 것만큼이나 우리의 통장에서 나오는 돈 또한 그분께는 필요가 없다.

오히려 하나님 쪽에서 세상에 늘 치유와 구속(救贖)을 베풀고 계시며, 우리가 그런 목표에 협력할 준비가 된 정도만큼 그분은 우리를 써 주신다. 움켜쥐고 있던 돈을 놓으면 우리에게 주어진 돈도 오직 하나님의 은혜임을 깨닫게 된다. 그리스도의 긍휼이 필요한 사람들에게 가까이 다가가면 결국 우리는—어쩌면 자신도 모르게—하나님과 더 가까워진다. 이 모두가 결국은 하나님의 아이디어이고 하나님이 하시는 일이지만 우리도 그분의 도구가 되기로 선택할 수 있다.

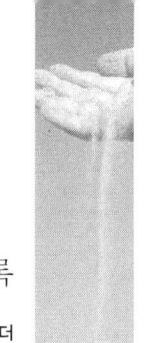

1. 다른 사람들이 목숨이라도 부지하도록

론과 아뷰터스 사이더

「가난한 시대를 사는 부유한 그리스도인」(*Rich Christians in an Age of Hunger*, IVP 역간)[1]의 저자를 인터뷰하러 가려면, 고작 수백 마일 거리에 항공료를 지불하느니 기차를 타는 게 왠지 더 적절해 보인다. 쌀쌀한 3월의 아침, 나는 론과 아뷰터스 사이더(Ron & Arbutus Sider) 부부의 주소도 모른 채 그들과 대화하러 집을 나섰다. 리치몬드에서 급행열차를 타고 필라델피아 시내 30번가 역에 내려 통근차로 갈아타고 잠깐 가니 퀸레인 역이 나왔다. 론 사이더의 휴대전화로 전화를 거니 몇 분 만에 그가 수수한 차로 나를 태우러 왔다. 역에서 사이더의 집까지는 가까웠는데, 저먼타운 길 바로 옆 동네에 낯익은 길 이름들이 보여 갑자기 번쩍 정신이 들었다. 정말일까? 여기가 슬픔 속에 폐간된 잡지 "디 아더 사이드"(*The Other Side*)와 그 자매 사역 기관인 주빌리 공동체(Jubilee Fellowship, 주빌리는 희년이라는 뜻이다—역주)가 있던 자리일까?

과연 그 동네가 맞았다. 사이더 부부는 잡지와 주빌리 공동체가 전성기를 구가하던 때에 살던 그 집에 여태 살고 있었다. 1960년대 중반 이후로 많은 복음주의자들의 사회적 양심을 일깨운 "디 아더 사이드"의 중요성은 아무리 강조해도 지나치지 않을 것이다. 2004년 말에 폐간될 무렵, 그 잡지는 비록 끝까지 복음주의 언론 연합에 속해 있기는 했지만 주로 자유주의 개신교의 대변지가 되어 있었다. 전성기의 그 잡지는 복음주의자들로 하여금 인종 간의 정의, 사형 제도, 설탕과 세계 빈곤의 관계 등으로 고민하게 만들었다.

사이더 부부는 다세대 단지의 이 집을 1975년에 1만 5,000달러에 샀는데, 한창때 이 단지에는 35명의 성인들이 여섯 블록에 걸쳐서 모여 살았다. "디 아더 사이드" 창간 편집인의 아들이자 명망 있는 저자인 고(故) 존 알렉산더는 바로 길 건너에 살았다. 론과 함께 「핵 학살과 기독교의 희망」(Nuclear Holocaust and Christian Hope)[2]을 쓴 리처드 K. 테일러도 주빌리의 일원이었다.

주빌리 멤버들은 자동차와 연장을 공유했고 서로 검소한 삶을 독려했다. 이들 공동체 식구들은 소그룹에서 각자의 세금 보고서를 공개했고 수입의 지출 내역을 나누었다. 세금 이야기가 나와서 말인데, 사이더 부부는 국세청의 전면 감사를 받아본 적이 없다. 몇 년 전에 국세청에서 이들의 자선 기부를 확인한 적은 있다. 론은 말한다. "이미 지불된 수표를 다 제출할 필요도 없었습니다. 수표책의 사본만으로도 충분하다고 하더군요."

주빌리는 5년 정도 잘 굴러갔으나 사이더 부부는 1980년에 거기서 나왔다. 그로부터 18개월이 못 되어 주빌리는 해체되었다. 론은 이렇게 말한다. "나는 우리가 하려던 일이 옳은 일이라고 여겼습니다. 하지만 기독교 공동체에 정말 열심을 내고 속속들이 나누다 보면, 어쩔 수 없이 서로 상처를 주게 되어 있습니다. 그토록 가깝게 함께 살면서 실제로 싸움과 불화가 없을 수는 없습니다." 계속 대화하고 기도하며 변화에 마음을 열었다면 화해와 일치에 이를 가망도 있었다고 한다. 그러나 일치는 이루어지지 않았다. 사이더 부부를 비롯한 몇몇 사람은 주빌리를 탈퇴하고도 저먼타운의 집에 그대로 살았다. 론은 주빌리의 실패가 자신의 인생에서 가장 실망스러운 일 가운데 하나였다고 말했다.

:: **캐나다 온타리오에서 미국 뉴헤이븐으로**

「가난한 시대를 사는 부유한 그리스도인」은 누진 십일조라는 개념을 제안하려다가 나온 책인데, 내가 사이더 부부와 대화를 해야겠다는 생각이 든 것도 그 때문이다. 그 개념은 아주 간단하다. 1년을 사는 데 필요한 기본 금액을 온 가족이 합의하고 그 기본 금액에 대한 십일조를 한다. 그 금액 외에 발생하는 소득에 대해서는 1,000달러당 5퍼센트씩 헌금 비율을 높여 나간다. 앞의 책보다 1년 늦게 미국 IVP에서 1978년에 펴낸 소책자 「누진 십일조」(*The Graduated Tithe*)에 보면, 론의 가족들이 합의한 기본 금액(론과 아뷰터스 그리고 세 자녀의 생활비)은 8,000달러였다.[3]

낡고 편안한 사이더의 집에서 그들과 함께 대화하면서 곧 알게 되었지만, 그리스도인으로서 물질의 영역에서 그들의 제자도에 구심점이 되는 것은 누진 십일조가 아니다. 그보다 사이더 부부가 거듭 되돌아가는 주제는 검소한 삶이다. 그 소책자의 첫 페이지에 그렇게 나와 있다. "부자들이 검소하게 살아야 가난한 사람들이 목숨이라도 부지할 수 있다. ─찰스 버크 박사(1975)"[4]

이들 부부는 둘 다 어려서부터 그런 가르침이 몸에 배어 있었다. 아뷰터스는 아미쉬와 메노나이트 공동체 안에 있는 가정의 넷째 아이였고, 론의 가정은 그리스도 형제 교회(Brethren in Christ)에 속해 있었다. 양쪽 공동체 모두 검소함, 경제적 공유, 교만한 물질 문화에 대한 저항, 지나친 과시의 자제, 평화의 추구 등을 강조했다. 둘 다 1939년생이고 둘 다 캐나다 온타리오 남부에서 자랐다.

> 그리스도인으로서 물질의 영역에서 그들의 제자도에 구심점이 되는 것은 누진 십일조가 아니다. 그보다 사이더 부부가 거듭 되돌아가는 주제는 검소한 삶이다.

론이 뉴헤이븐의 예일 대학교에서 대학원 공부를 하게 되면서 그들은 미국으로 이사했다. 거기서 론은 석사 학위와 철학 박사 학위를 받았고, 박사 과정 중에 휴학을 하고 예일 신학부에서 신학 학사 학위를 받았다. 신학을 공부하는 동안 론은 근처의 한 교회에서 잠시 사역을 했다.

어느 주말에 론은 세계의 빈곤에 대한 설교를 준비하고 있었다. 대개 그의 설교는 문제를 기술하고 관련 성경 본문에서 교훈을 뽑은 뒤 신자들에게 문제 해결을 위한 행동을 제시하는 식이었다. 이미 1972년에 그는 IVP에서 발행하는 대학 잡지 "히즈"(*HIS*)에 누진 십일조에 관한 기사를 실은 적이 있었다.[5] 나중에 그는 IVP에 누진 십일조와 세계의 빈곤에 관한 소책자를 쓰겠다고 제안했는데, 1975년과 1976년 초에 그 책을 쓰다 보니 "그것이 걷잡을 수 없이 커져서 「가난한 시대를 사는 부유한 그리스도인」이 되었다."

뉴헤이븐에서 지내던 동안 사이더 부부는 검소한 삶이 당시 급우들과 교수들 사이에 유행하던 복장이나 가구의 스타일에 맞지 않음을 알게 되었다. 예를 들어, 다른 사람들의 집에는 비닐 커튼이 없었다. 아뷰터스는 긴 머리도 자르고 모자와 장갑까지 맞추어 옷 한 벌을 사 입고 교회에 갔다. 그녀는 말한다. "우리는 전보다 훨씬 더 외모에 신경을 썼어요. 새 문화에 적응한답시고 부담을 자초한 것이죠."

사이더 부부는 그 부담이 다른 사람들의 말 때문이 아니라 자기들이 자초한 것임을 강조했다. 어쨌거나 그들은 그런 부담에 끌려다니는 삶이 편치 않았다. 아뷰터스는 말한다. "나는 아주 수수하고 검소한 집에서 자랐어요. 고등학교에 갈 수 있었던 것만도 내게는 정말 대단한 일이었지요. [검소한 삶]은 늘 내 신앙적 헌신의 일부였어요. 나는 예수님을 따르기 원하는 착한 소녀였지요."

몇 년 동안은 다른 사람들에게 맞추는 데 신경을 썼으나 1968년 가을에 론이 메시아 대학의 한 도심 캠퍼스에서 가르치게 되면서부터 그런 부담을 벗었다. 론은 메시아 대학에서 10년을 가르쳤는데 그중 7년을 노스필라델피아에 있는 같은 대학의 템플 대학교 캠퍼스에서 살았다. 아뷰터스는 어느 외국인 유학생한테서 들었던 말을 회상한다. "자책하지 마세요. 저는 당신의 집이 참 좋아요. 꼭 우리 집에 온 것 같아요." 그때를 떠올리면서 아뷰터스는 목이 메었다.

그녀는 이렇게 말한다. "다른 사람들처럼 되어야 한다는 부담을 버리고 내 모습을 되찾은 때가 기억나네요. 나는 검소함이 주는 자유를 되찾았어요. 내가 검소할 수 있는 자유가 어떤 이들을 살게 하는 자유라고 생각하니 기쁨이 찾아왔어요. 그래서 누진 십일조는 부담이나 억지로 하는 일이 아니라 나의 자유를 향한 여정을 돕는 길잡이가 되었답니다."

뉴헤이븐에 사는 동안 사이더 부부는 자기들을 길러 준 교회들의 사회적 양심을 잃지 않았다. 온타리오에서 교실 한 칸짜리 교사(校舍)에서 가르쳤던 아뷰터스는 노스헤이븐의 공립학교에서 교사로 일했다. 그녀가 흑인 동네의 빨래방을 이용하자 친구들은 그녀의 안전을 염려했다. "내가 그 **빨래방**에 다닌다는 걸 친구들이 알 때까지만 해도 난 아무렇지도 않았어요." 그녀는 한 번도 위험을 느끼지 못했고 계속 거기서 빨래를 했다.

론과 아뷰터스는 자기네 집주인을 알게 되면서 흑인과 백인의 관계에 대한 산교육을 받았다. 집주인은 예일 대학교 관리인이었는데, 가족들을 제대로 부양하려면 밤낮없이 두 직장에서 일하고도 집 위층의 아파트 두 채에서 받는 월세까지 보태야 했다. 아뷰터스는 "마틴 루터 킹이 암살된 직후에 우리는 안집 거실에서 텔레비전을 보았어요"라고 말했다. 대학에 간 그집 아들이 집에 다니러 올 때마다 민권의 진척이 왜 이렇게 더디냐고 묻던 일도 그들은 함께 겪었다.

그녀는 말한다. "노스필라델피아로 이사했을 때 나는 전업 주부가 되어 가고 있었어요. 그렇게 1-2년쯤 지나자 지역 사회에 참여하고 싶은 마음이 간절해졌지요." 그녀는 자기가 살고 있던 시의 학생들과 학부모들을 대변하는 활동에 가담했는데, 그 활동에는 시의회와 교육위원회 앞에서 발언하는 일도 포함되어 있었다. "그 일이 편안하게 느껴졌어요. 내가 하는 일에 대한 소신이 있었지요."

아뷰터스는 그렇게 적극적으로 활동하던 시절을 되돌아보면 자기가 사회 구조(構造) 분야로 석사 학위라도 딴 기분이라고 했다. "론은 구조악에 대해서 글을 쓰고 있었고 나는 그것을 도시 차원에서 목격하고 있었지요." 그녀가 대변한 학교들은 공립학교였으나, 자녀에 대한 도심 엄

마들의 희망을 들으면서 기독교 사립학교들도 중요하다는 확신이 생겼다. 그래서 그녀는 1998년에 개교한 필라델피아 메노나이트 고등학교의 설립을 도왔다. 사이더 부부는 현재 옥스퍼드 서클 메노나이트 교회(Oxford Circle Mennonite Church)에 다니고 있는데 그곳의 경제적, 인종적, 교육적 다양성이 좋다고 한다.

아뷰터스는 20년 동안 결혼 및 가정 치료사로 개인 상담실을 운영하다가 2007년에 그 일을 그만두었다. 지금은, 회복 중인 사람들과 커플들을 돕는 일에 마음이 끌려 그들이 결혼을 지키거나 결혼을 하도록 돕고 있다. "그런 커플들의 길동무가 되어 주는 일은 도전이자 큰 보람이랍니다." 아뷰터스의 중요한 관심사는 어려움에 처한 사람들과 실제로 꾸준히 시간을 함께 보내는 것이다. 그녀는 이러한 시간의 헌신을 통하여 그리스도인들이 주변의 상처 입은 세상을 알 수 있고, 고통 앞에서 구체적으로 하나님의 긍휼로 반응할 수 있다고 믿는다. 그녀는 느슨해진 그리스도인의 제자도에 이것이 중대한 문제라고 생각한다. "우리에게 있는 것이 나머지 세상에는 없음을 내게 상기시켜 주는 사람들이 있습니다. 올해 당신이 사귀고 있는 사람들 중에 그런 사람은 누구일까요?"

> "우리에게 있는 것이 나머지 세상에는 없음을 내게 상기시켜 주는 사람들이 있습니다. 올해 당신이 사귀고 있는 사람들 중에 그런 사람은 누구일까요?"

:: 유명 브랜드 신발을 살 수도 있다

「가난한 시대를 사는 부유한 그리스도인」과 그밖의 책들에서 론은

1. 다른 사람들이 목숨이라도 부지하도록

소비주의를 매우 엄격히 비판한다. 그가 소비주의에 저항하도록 권장하는 방법들 중에는 "텔레비전 광고를 볼 때마다 웃어 주기," "'농담도 잘 하셔!', '나중에 다 두고 갈 건데' 따위의 가족 구호 만들기" 등이 있다. 대화 중에 그는 「가난한 시대를 사는 부유한 그리스도인」의 다음 문단과 관련된 일화를 들려주었다.

> 내가 이용하던 저축 은행에서 10년 동안 유난히 솔깃한 광고를 내놓았다. "사랑을 조금 저축해 두세요. 누구나 비상시엔 한 푼이라도 필요하니까요 사랑을 조금 저축해 두세요." 책임감 있는 저축은 청지기로서 좋은 일이다. 하지만 은행 계좌가 사랑을 보장한다는 약속은 비성경적이고 이단적이고 마귀적인 것이다. 이 광고는 물질주의적 세속 사회의 새빨간 거짓말을 가르친다. 그런데도 가사와 곡조가 아주 매혹적이라 자꾸만 내 머릿속을 맴돌았다.[6]

여기에 론이 언급한 은행은 필라델피아 저축기금조합(PSFS)인데, 하필 그 은행에서 주최한 수학 경시 대회에 사이더 부부의 큰아들 테드가 출전하여 초등학교 부문에서 우승했다. 사이더 부부는 필라델피아 중심가의 PSFS 고층 건물에서 열린 수상식에 참석했고, 우연히 론은 그 광고를 담당한 중역과 같은 식탁에 앉게 되었다. 론은 그녀에게 그 광고에 대한 자신의 비판을 들려주었다. 그녀는 그 광고야말로 자기 은행 역사상 최고의 성공작이라고 말했다. 그러면서 그 메시지가 부도덕하다는 것도 시인했다.

10억이 넘는 사람들이 극한 빈곤 속에 살고 있으며 따라서 풍족한 그리스도인들이 자신들의 삶을 바꾸어 그 고통을 덜어 주어야 한다는 것이 「가난한 시대를 사는 부유한 그리스도인」의 메시지다. 이 가차 없는 메시지 때문에 론은 일부 비판자들로부터 사회주의자니 흥을 깨는 금욕주의자니 하는 비난을 받았다. 그러나 론과 아뷰터스는 검소한 삶의 원리를 성장하는 자녀들에 맞추어 부담스럽지 않게 적용하려 했을 뿐이라고 말한다. 론은 말한다. "아이들이 한 살, 세 살일 때에는 그 원리를 적용하기가 쉽습니다. 하지만 아이들이 고등학생, 대학생일 때는 이야기가 달라집니다." 두 아들이 친구들 사이에서 유명 브랜드 신발이 중요하다는 말을 했을 때는 사이더 부부도 간혹 뜻을 굽히고 그런 신발을 사주기도 했다. 론에 따르면 자기들이 소비주의의 물결을 거스른 방법은 주로 자동차를 못 쓰게 될 때까지 타는 것, 다민족이 모여 사는 동네의 작고 수수한 집에 계속 사는 것, 옷을 대부분 중고품 매장에서 사는 것 등이었다.

이렇게 검소하게 살겠다는 헌신은 가족 휴가에도 영향을 미쳐, 그들은 대개 휴가를 론의 강연 일정과 함께 묶었다. 2남 1녀의 자녀가 한참 자랄 때인 1980년대에는 강연 일정이 잡혀 있는 서부까지 온 가족이 대륙을 횡단하는 야영 여행도 세 번이나 했다. 함께 즐기는 유익도 놓치지 않으면서 검소함의 자유를 만끽한 휴가들이었다고 아뷰터스는 말한다.

좀더 최근 들어 론과 아뷰터스는 심사숙고 끝에 메인 주 북부의 한 수수한 오두막을 다른 부부와 공동으로 사용하기로 했다. 그래서 지금은 여름마다 3-5주씩 거기서 지낸다. 그 오두막에서는 조명과 기구들을 가스로 써야 하고 화장실도 옥외에 있다. 그곳은 론이 오랫동안 취미로 즐겨 온 낚시가 언제라도 가능하다. 아뷰터스는 "여러 모로 우리가 자란

1. 다른 사람들이 목숨이라도 부지하도록

33

온타리오 같아요"라고 말한다. 론은 "우리는 가난하게 사는 것도 아니고 중산층 생활의 편리한 혜택들 없이 사는 것도 결코 아닙니다"라고 말한다.

그들의 삶을 금욕주의라고 비난하는 말들을 론은 대체로 재미있어 하는 분위기다. 그는 그리스도인 변증가인 존 워위크 몽고메리(John Warwick Montgomery)와 자신의 오랜 우정을 정겹게 들려주었다. 한번은 몽고메리가 론이 금욕주의자가 아닌가 걱정되어 그에게 미식가들의 모임에 함께 가자고 했다. 론은 돈만 몽고메리가 낸다면 즐거이 따라가겠노라고 대답했다. 론은 또 자기가 컬럼비아 성경 대학의 집회에 강연하러 갔다가 어느 선교사와 대화한 일을 회상했다. 그 여자 선교사는 미국에 돌아와 크고 뽀송뽀송한 수건을 사용하는 데 대해 죄책감을 느끼고 있었다. 그런 그녀에게 론은 이렇게 말해 주었다. "죄책감을 느끼지 마십시오. 저는 오히려 당신이 그것을 즐겼으면 좋겠습니다. 물질계는 선한 것입니다. 하나님은 당신에게 이 땅의 좋은 것들이 하나도 없기를 바라시는 게 아닙니다. 균형의 문제일 뿐이지요."

론은 말한다. "나는 검소한 삶 자체가 미덕이라서 검소하게 산다는 생각을 해본 적이 없습니다. 나는 금욕주의에 유혹을 느껴 본 적이 없습니다. 우리는 정말 사람들이 예수님을 알게 되기를 원하고 그래서 선교사들의 사역이 잘 되기를 바랍니다. 우리는 또 하나님이 원하시는 바는 사람들이 경제 정의를 이루어 빈곤하지 않게 살아가는 것이라고 생각합니다. 양쪽 다 자원이 필요한 일입니다."

내친 김에 하는 말이지만, 누진 십일조의 아버지로서 그동안 그 개념을 품고 살아온 론도 다른 사람들의 반응에 대해서는 늘 관용적이다. 누진 십일조가 동료 복음주의 그리스도인들 사이에 널리 실행되고 있지 않은 데 대해서도 불만이 없어 보인다. "그대로 적용하고 있다는 사람은 거의 만나 보기 어렵습니다. 나는 누진 십일조가 누구나 따라야 하는 성경의 명령이라고 생각한 적이 없습니다." 1977년에 「가난한 시대를 사는 부유한 그리스도인」이 출간된 뒤로 누진 십일조가 자신의 삶에 중요하다고 말한 사람들은 그의 추산으로 5-10퍼센트에 지나지 않는다. 그러나 그 책을 써 주어 고맙다며 그 책이 자기가 살아가는 방식에 영향을 미쳤다고 말하는 사람들은 그가 여행할 때마다 거의 매번 만난다.

아뷰터스에 따르면, 누진 십일조는 그 자체가 목표가 아니라 검소하게 살아가며 하나님 나라의 일을 후원한다는 더 높은 목적을 이루기 위한 하나의 틀이다. 그녀는 누진 십일조를 부부가 서로 평생의 헌신을 서약하는 그 틀에 비유한다. 오랜 세월 누진 십일조에 헌신해 온 사이더 부부이지만, 이들은 단순 십일조라도 십일조를 율법적으로 대해서는 안 된다고 경고한다.

성적인 정절이나 정직은 성경의 명령이지만 십일조는 그렇지 않다고 론은 말한다. "십일조는 구약의 한 원리로서 지극히 이치에 맞는 개념이며 좋은 출발점입니다. 나는 가난에 찌든 편모에게 '당신도 십일조를 해야지 그렇지 않으면 하나님께 불순종하는 겁니다'라고 말할 생각이 없습니다." 오히려 아뷰터스는 기초 생활비조차 벌지 못

> 누진 십일조는 그 자체가 목표가 아니라 검소하게 살아가며 하나님 나라의 일을 후원한다는 더 높은 목적을 이루기 위한 하나의 틀이다.

하는 가난한 사람들에게는 십일조를 못하게 말린 적도 있다. "가난한 사람들은 2퍼센트나 3퍼센트나 5퍼센트만 드려도 됩니다"라고 그녀는

1. 다른 사람들이 목숨이라도 부지하도록

말한다.

론은 이렇게 말한다. "우리는 전적으로 그리스도의 것입니다. 우리 존재의 모든 부분이 그리스도께 드려졌습니다. 그렇다면 우리의 돈도 전부 그분의 것이고, 우리의 자원과 재산과 시간도 전부 그분의 것이라는 뜻입니다. 우리는 이렇게 물어야 합니다. '하나님은 내가 시간과 재능과 돈을 어떻게 쓰기를 원하실까?' 대다수의 미국 그리스도인들의 경우, 십일조가 최고 한도라면 그것은 정말 어처구니없는 일입니다. 십일조가 율법적 규범이어서가 아니라 성경의 내용과 세상의 필요와 우리의 엄청난 부를 생각할 때 우리가 그보다 훨씬 더 많이 드려야 마땅하기 때문입니다. 내 생각에 대다수의 미국 그리스도인들은 돈을 쓰는 방식에서 죄 가운데 살아가고 있습니다."

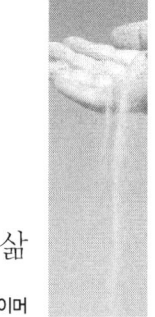

2. 카트리나 이후의 선교적 삶

제리와 스테이시 크레이머

내가 수태고지 자유 교회(Free Church of Annunciation)로 제리 크레이머(Jerry Kramer) 신부와 그의 아내 스테이시(Stacy)를 찾아갔을 때, 교회 서쪽의 작은 주차장을 온통 차지하고 있던 두 채의 이동식 주택은 더 이상 그 자리에 없었다. 평소 같으면 기뻐할 일이겠지만 그 당시는 평상시가 아니었다. 뉴올리언스의 거의 전 지역과 마찬가지로 브로드모어라는 동네도 2005년 8월말 허리케인 카트리나의 서쪽 끝자락이 도시를 강타할 때 폐허가 되고 말았다. 뉴올리언스 대도시권이 허리케인으로 수장될 것이라는 예측이 수십 년째 있었는데 카트리나 때문에 그 예측이 들어맞을 뻔했다. 수태고지 교회 주차장에 있던 두 채의 이동 주택은 카트리나 이후로도 이 작은 성공회 교회가 건재하고 있음을 여실히 보여 주었다. 이 교회는 살아남았을 뿐만 아니라 브로드모어에서 새롭게 사역을 시작했다.

교회는 연방재난관리청(FEMA)의 도움을 기다릴 여유가 없었고, 그걸 안 제리는 텍사스의 어느 업자와 협상하여 이동 주택 두 채를 구입했다. 한 채는 교회의 예배 장소 겸 수재로 집을 잃은 교인들의 임시 거처로 썼고, 다른 한 채는 제리의 사무실과 브로드모어 발전협회의 사무실 공간으로 썼다. 발전협회는 처음에 시에서 재개발 계획을 내놓았을 때 거기에 맞서 싸운 브로드모어 주민들의 집결지였다. 그 동네는 빈민층부터 중산층까지 다양한 소득 계층이 섞여 사는 지역인데, 작가 월터 아이작슨의 유년기 생가도 포함된 지역이었다. 시에서는 이참에 재개발 계획으로 구획을 변경하여 동네를 아예 없애려 했다. 양쪽 이동 주택에서 제리와 교회 지도자들은 전국 각지에서 답지한 청소 도구며 식량이며 옷가지며 트럭 몇 대 분량의 구호품을 분배하는 사역을 지휘했다. 두 이동 주택이 수태고지 교회의 소생에 워낙 중요한 역할을 했던지라 그것들이 치워진 주차장은 허전해 보였다.

교회 주변을 걸어서 한 바퀴 돌다 보니 이동 주택에 대한 서운함이 좀 가라앉았다. 복구된 교회 본당은 제나 길과 사우스 클레어본 길이 만나는 곳에 있다. 본당 앞 서쪽으로 작은 홀이 새로 만들어져, 번잡한 4차선 도로인 클레어본 길에서 들려오는 소음이 전보다 덜했다. 카트리나 이전에는 교회 후문 앞쪽에 예배 공간과 길 사이를 막아주는 완충 장치가 없었다. 새로 만든 홀 덕분에 스테인드글라스의 그림도 새삼 살아났다. 그림은 충동적인 베드로가 물 위를 걸으려다 겁에 질렸을 때 예수님이 갈릴리 바다에 서서 그에게 손을 내미시는 장면이다. 후문 위에 있는 그 창이 카트리나 이전에는 눈에 잘 띄지 않았는데 이제는 새로 낸 옆문으로 들어서거나 어두워진 후에 클레어본 길을 걸으면 그 창을 놓치기가 어렵다. 교회 본당은 허리케인이 닥친 뒤로 몇 달 동안 썩은 물에 잠겨 심하게 파손되었고, 그래서 제리는 교인들에게 거기서 다시 예배드릴 생각일랑 말라고 당부했다. 한 세기 가까이 길모퉁이를 지켜 온 그 본당은 성공회 루이지애나 교구의 찰스 젠킨스 주교의 주재 하에 교회당으로서의 역할을 눈물 속에 끝마쳤다.

카트리나 이후로 제리는 본당 옆 이전의 사제관 자리에 무료 인터넷망을 갖춘 동네 커피점을 열고픈 꿈이 생겼다. 제나 길과 사우스 더비그니 길이 만나는 모서리에는 자원봉사자들이 지은 동네 놀이터가 있고, 카붐이라는 비영리 단체에서 기부한 밝은 색깔의 놀이 시설이 가득하다. 더비그니 길에 2층짜리 집이 있었는데 지금은 그것을 개조하여 교회 청소년 사역에 쓰고 있다. 청소년의 집과 놀이터 사이에 역시 2층짜리 집을 개조한 가브리엘의 집은 현재 브로드모어 발전협회와 수태고지 교회의 사무실로 쓰고 있다. 제리와 스테이시 크레이머는 성상으로 장식하고 촛불을 밝혀 놓은 그 양지바른 사무실에 앉아 그들의 십일조 생활에 대해 들려주었다.

:: 하나님과 맺은 언약

제리는 지칠 줄 모르고 새로운 일을 시도하는 사람이지만 정작 크레이머 부부가 십일조를 시작한 것은 스테이시 덕분이다. 스테이시가 스물일곱 살 때 어머니가 그녀에게 십일조에 관한 어떤 책을 권해 주었다. 기독교 일체파(Unity School of Christianity) 사람이 쓴 책이었는데, 비록 스테이시는 일체파의 기본 신학을 믿지는 않지만 십일조에 대한 저자의 논의만은 설득력도 있고 성경에 탄탄한 기초를 두고 있었다. 스테이시는 강한 확신이 생겨 하나님과 개인적인 언약을 맺고 그 내용을 글로 작성했다. 창세기 28:20-22에 나오는 야곱과 하나님의 언약을 본뜬 것이었다.

야곱이 서원하여 이르되 "하나님이 나와 함께 계셔서 내가 가는 이 길에서 나를 지키시고 먹을 떡과 입을 옷을 주시어 내가 평안히 아버지 집으로 돌아가게 하시오면 여호와께서 나의 하나님이 되실 것이요 내가 기둥으로 세운 이 돌이 하나님의 집이 될 것이요 하나님께서 내게 주신 모든 것에서 십분의 일을 내가 반드시 하나님께 드리겠나이다" 하였더라.

하나님이 십일조를 명하신 말라기 3:6-12 말씀도 스테이시에게 강하게 다가왔다. "성경에 하나님이 '그것으로 나를 시험하여'라고 말씀하신 곳은 여기뿐이에요." 스테이시는 그 본문을 성경 전체에 반복되는 주님을 시험하지 말라는 경고와 대조하면서 그렇게 말했다.

스테이시는 6개월 동안 순소득의 십일조를 드리기로 서약했다. 그 약속을 지키자 뜻밖에도 소득이 늘어났다. 그녀가 일하던 병원이 마침 연봉을 동결하고 있던 중이었는데도 그녀의 연봉이 7,000달러나 올랐던 것이다. 반면에, 돈이 쪼들려 십일조를 건너뛰면서부터 갑자기 삶이 엉망이 되었다고 했다. 돈 걱정도 더 많아진데다 응급 수술비가 십일조로 드렸어야 할 금액과 거의 맞먹게 나왔던 것이다. 이 경험을 계기로 그녀는 하나님은 그분을 따르는 사람들의 돈을 어떻게든 사용하도록 하신다는 결론을 내렸다. "이왕이면 하나님께 협력하여 그분의 복을 누리고 싶지 않은가요?"

> "우리가 자칭 그리스도인이라면 십일조는 출발점이랍니다. 하나님은 우리가 희생적으로 드리기를, 무엇을 먹을지 막막해도 일단 드리기를 원하세요."

스테이시는 가난하게 자랐고 그래서 청년기에 물질적 안락에 집착했다고 한다. "저는 거듭난 구두쇠였어요. 받을 줄만 알았지 베풀 줄을 몰랐지요"라고 그녀는 말한다. 스테이시에게 십일조는 베푸는 법을 배우는 첫걸음이었다. 그녀는 "우리가 자칭 그리스도인이라면 십일조는 **출발점**이랍니다. 하나님은 우리가 희생적으로 드리기를, 무엇을 먹을지 막막해도 일단 드리기를 원하세요"라고 말한다.

:: 사랑에서 난 십일조

스테이시는 어찌나 열렬한 십일조 옹호자가 되었던지 이 훈련의 중요성을 모르는 사람과는 결혼할 수도 없다고 생각했다. 스테이시를 처음 만났을 때만 해도 제리에게 십일조는 생소한 개념이었다. 제리는 주로 텍사스의 천주교 교구들을 상대로 청지기직 자문역으로 일하고 있었고, 매주 헌금 시간에 20달러씩 헌금하는 것으로 잘하고 있다고 생각했다. 그가 청지기직 자문역으로 돕던 교인들은 대부분 소득의 0.5퍼센트밖에 헌금을 하지 않았다고 한다.

제리는 본래 자신의 인생 목표가 천주교 청지기직 자문회사에서 동업하는 것이었다고 회상하며 재미있어 한다. 그런 아주 명확한 목표를 갖게 된 것과 자신에게 그 일에 대한 적성이 생긴 것은 어린 시절의 영향 때문이라고 한다. 어렸을 때 그는 매주 용돈을 타야 했는데, 그때마다 자기가 용돈을 받아야 하는 이유와 받아서 어떻게 쓸 것인지를 밝혀야 했다. 30대 초반에 제리는 그 인생 목표를 달성했다. 청지기직 자문역은 벌이가 좋아 제리의 연소득은 10만 달러가 넘었고, 1996년에 결혼

한 크레이머 부부는 휴스턴의 고급 주택 단지에서 중상류층 생활을 누릴 수 있었다. 그런데도 당시에는 자기네가 먹고살기 힘들다고 생각했다며 둘 다 웃는다. 제리는 말한다. "돈은 우리의 신앙을 따라다니게 되어 있습니다. 각자 가계부를 보면 자신이 무엇을 숭배하고 있는지를 알게 될 것입니다. 여러 해 동안 우리는 블록버스터 비디오와 도미노 피자를 숭배하고 있었습니다."

제리가 성공회 신부가 되기로 결심하면서 중대한 변화가 찾아왔다. 텍사스 주 리그시티에 있는 성 크리스토퍼 성공회 교회의 월터 엘리스 신부와 고(故) 짐 스몰리 신부와 친해지면서 제리의 소명 의식은 깊어졌다. 제리는 하나님이 자신에게 돈만 모으는 게 아니라 그 이상을 원하심을 느꼈다. 그는 말한다. "헌금은 본질적으로 신앙의 열매이지 목표 자체가 아닙니다. 사람들을 더 깊은 신앙으로 부르고 도전하는 것이 더 큰 일임을 나는 알게 되었습니다. 청지기직의 문제가 아니라 제자도의 문제였습니다. 제자 훈련을 제대로 하여 사람들을 참 신앙과 변화로 인도하면 돈은 따라오게 마련입니다."

> "돈은 우리의 신앙을 따라다니게 되어 있습니다. 각자 가계부를 보면 자신이 무엇을 숭배하고 있는지 알게 될 것입니다."

오래 전 아직 천주교인이었을 때도 제리는 자신이 신부로 부름 받았을지도 모른다고 생각한 적이 있다. 그런데 이제 한걸음 더 나아가 그는 아프리카에서 선교사로 일하라는 부름까지 느꼈다. 이미 신학 공부를 통하여 선교사로 일할 준비가 되어 있던 그를 이제 아프리카가 부르는 것만 같았다. 제리는 하나님이 동아프리카에서 하시는 일에 동참하여 그곳에서 성장하는 교회를 경험하고 싶었다. 그러나 우선 재정적 장애

물부터 정리하고 싶었다. 제리의 연소득이 10만 달러가 넘는데도 이들 부부에게는 신용카드 빚이 3만 달러나 쌓여 있었다.

크레이머 부부는 결혼 초에는 순소득에서 십일조를 드렸는데, 제리가 생각한 십일조는 5퍼센트는 교회에, 5퍼센트는 자선 단체에 드리는 것이었다. 스테이시는 첫 10퍼센트를 자기네가 예배 드리는 교회에 드릴 것을 고집했다. 그녀는 그것을 "10퍼센트는 자기 집에" 헌금한다고 표현한다. 그때부터 이들 부부는 총소득에서 십일조를 드리기로 함께 작정했고, 신용카드 빚을 청산할 길을 인도해 달라고 하나님께 기도했다. 하나님도 크레이머 부부도 언약에 충실하여 그 뒤로 지금까지 이들 부부는 총소득에서 십일조를 드리고 있다.

:: 모든 것을 바꾸어 놓은 카트리나

몇 년간 탄자니아를 드나들던 크레이머 부부와 세 자녀는 14개월 동안 그곳에서 선교사로 섬기고 미국에 돌아왔다. 2005년 1월말에 제리는 수태고지 교회 청빙 위원회와 인터뷰를 했다. 일주일 내로 청빙 위원회는 그를 차기 주임 신부로 초빙했다.[1] 그런데 제리가 주임 신부가 되고 나서 몇 달 만에 허리케인 카트리나가 멕시코 만의 루이지애나 주와 미시시피 주를 강타했다. 교회와 교구회관이 3주 정도 1.8미터 깊이의 물에 잠겼다. 폭력배들이 교구 회관에 침입하여 이층 방을 은신처로 삼았다. 클레어본 길 건너편의 침례교 기념병원 간호사들이 제리에게 한 말로는, 폭력배들이 낮에는 보트를 타고 다니며 마약을 거래하고 총싸움을 벌였고 밤에는 교구회관에서 먹고 마셨다고 한다.

2. 카트리나 이후의 선교적 삶

카트리나가 해안에 접근했을 때 크레이머 부부는 무사히 배턴루지로 대피했다. 카트리나가 닥친 지 일주일 후에 제리는 피해 상황을 살펴보려 교회로 갔다. 나폴레옹 길을 가까스로 걷다가 난감해진 제리는 결국 근처 상인들한테서 낚싯배 하나를 빌려 교회에 도착했다. 교구회관 위층에는 싸구려 음식이며 주머니칼이 널려 있었고 건전지로 작동하는 스테레오에서는 아직도 음악이 흘러나오고 있었다. 모두가 약탈자들이 건물을 뒤져 귀중품을 훔쳐가고 남겨 놓은 것들이었다.

본당에 가 보니 침수 피해가 심각했다. 좌석은 사방으로 뜯겨나가 아직도 폐수 위에 둥둥 떠다니고 있었다. 연료, 쓰레기, 배설물, 썩어 가는 시체 등이 뒤섞인 독성 폐수가 뉴올리언스 전역에 악취를 풍기던 때였다. 마침 어느 방송사에서 텔레비전 뉴스에 내보내려고 제리를 촬영하고 있었는데, 제리는 본당에 서서 피해 현장을 보면서 어디서부터 복구를 시작해야 할지 엄두가 나지 않는다고 말했다.

수태고지 교회는 우선 이웃의 고통을 덜어 주는 일에서부터 복구를 시작했다. 교회는 주차장에서 구호품을 분배했을 뿐만 아니라 배턴루지의 세인트 루크 성공회 교회의 도움으로 몇 킬로미터 동쪽의 로워 나인스 워드(뉴올리언스 시의 일부로 미시시피 강 최남단의 하구 지역—역주)에도 비슷한 도움을 제공했다. 그 지역은 브로드모어보다도 피해가 더 심했다. 제리는 뉴올리언스 시내버스 운전기사이자 수태고지 교인인 로버트 페리를 찾아내, 주중에 레저용 차량을 운전하고 다니면서 버려진 월그런(약국 겸 편의점 체인점—역주) 점포 주차장에서 구호품을 분배하게 했다. 애틀랜타 주로 피해 있던 로버트는 자신의 고향인 델라웨어 주로 돌아갈 계획이었으나 이 새로운 사명에 이끌려 다시 뉴올리언스로 돌아와 그곳에 남았다.

수태고지 교회는 로워 나인스 워드에 성공회 교회를 새로 개척하는 일을 도왔다. 그쪽에는 카트리나에 완파되지 않은 집이 몇 채 흩어져 있었는데 개척 교회는 그중 한 집에서 모였다. 루이지애나 교구는 버려진 월그린 점포를 로워 나인스 워드의 구호와 복구 작업에 계속 써도 되는지를 회사 측에 타진했고, 월그린 회사는 허락해 주었다. 그 덕에 개척 교회는 더 큰 예배 공간까지 생겼다. 캔터베리 대주교 로완 윌리엄스는 2007년 9월말 뉴올리언스의 성공회 주교들과 회견할 때 그 건물을 방문하여 성수(聖水)로 교회를 축복해 주었다. 뻣뻣한 난발(亂髮)에 턱수염이 수북한 캔터베리 대주교가 피어오르는 향 연기 속에서 교회를 축복하는 모습을 동네 아이들이 구경했다.

:: **선교적 교회가 되다**

우리가 만난 것은 허리케인 카트리나가 지나간 지 2년 반이 되었을 때였는데, 제리와 스테이시는 그 폭풍이 이 작고 힘든 교회에 몰고 온 변화를 들려주었다. 그들의 말을 듣다가 나는 그 고통을 함께 통과한 덕분에 교회가 더 견고해지고 더 좋아졌느냐고 조심스레 물었다. 제리는 내가 머뭇거리는 것을 알아차리고 이렇게 말했다. "그렇게 조심조심 에둘러 말하지 않아도 됩니다. 그러잖아도 우리 둘이 여러 번 그런 얘기를 했는데 답은 항상 '그렇다'입니다. 지금이라도 우리는 다시 통과하는 쪽을 선택할 것입니다. 고생이 뒤따를 것을 다 알면서도 말입니다. 우리 부부 사이도 벼랑으로 몰렸었는데 그 일을 함께 겪으면서 이전 어느 때보다 금실이 좋아졌습니다."

수태고지 교회는 거의 눈에 띄지 않던 동네 교회였으나 제리가 보기에 카트리나 덕분에 이제 브로드모어 주민들이 애정을 품고 알아주는 선교적 교회로 탈바꿈했다. 가장 어려울 때 사람들을 돕고 동네를 지키는 역할을 교회가 해냈기 때문이다. 제리는 말한다. "하나님은 선교적인 하나님이십니다. 하나님은 늘 뭔가 좋은 일을 하려 하십니다. 우리 교회의 목적은 하나님이 우리를 통하여 하시려는 일을 알고 그분께 우리를 내드리는 것입니다."

> "하나님은 늘 뭔가 좋은 일을 하려 하십니다. 우리 교회의 목적은 하나님이 우리를 통하여 하시려는 일을 알고 그분께 우리를 내드리는 것입니다."

카트리나는 선교적인 삶에 준비된 교인들이 누구인지를 가려내 주었고, 덕분에 교회의 초점이 더욱 선명해졌다. 카트리나가 남긴 폐허 속에서 제리는 교인들에게, 수태고지 교회는 "현실을 외면한 채 스테인드글라스 창과 기도서나 숭배하는 교회가 되지는 않겠다"고 말했다. 카트리나 이전의 교회로 돌아가고 싶은 교인들에게는 우아하고 세련된 다른 교회가 더 적절한 예배 장소가 될지도 모른다고 말해 주었다. "극렬 보수파 중 다수는 새로 바뀐 교회에 동참하지 않았습니다. 하지만 카트리나 이후로 우리는 달라져야 했습니다. 안으로만 향하는 잠자는 교회로는 안 되었습니다. 우리 교회가 맞지 않는다면 교인들이 다른 교회로 가도 나는 괜찮습니다. 우리는 우리의 사명을 알고 있으며 그것을 굽히지 않을 것입니다. 각자 자신이 공급받을 수 있는 곳으로 가면 됩니다. 지금 우리 교회는 지역 사회와 세상에 진정한 변화를 이루고자 하는 사람들의 필요를 공급하고 있다고 봅니다."

카트리나가 닥친 지 몇 주쯤 되어, 자살을 생각하고 있던 한 이웃이 수태고지 구제 센터에 들렀다. 그날 교인 하나가 그녀의 말을 공감하며 들어준 뒤 그녀를 꼭 안아 주고 성경책을 주었다. 죽으려던 그 사람은 결국 고정 자원봉사자와 수태고지 교인이 되었다. 교회 주방 직원인 로빈 예이거라는 여자는 그곳에서 일한 지 몇 년 만에 처음으로 교인 하나와 함께 기도하고 그리스도인이 되었다. 제리의 말로는 그전까지 로빈은 그냥 인부 취급을 받았다고 한다.

카트리나 때문에 완전히 침수되어 못쓰게 되었던 교구회관도 이제 복구되었다. 그곳은 2년 가까이 구호품 창고로 쓰였고, 이층의 방들은 기숙사식 침실로 개조되어 장기 자원봉사자들이 거주했다. 또 다른 허리케인의 습격을 예방하려면 뉴올리언스를 재건하는 일에 다시 10년이 걸릴 수도 있다.

제리는 수태고지 교회가 성공회의 보수와 진보 진영 사이에 놀라운 협력의 장이 되고 있다고 말한다. 실제로 이 교회가 받은 자원봉사팀들이 소속된 교회는 워싱턴 D.C.의 세인트 컬럼비아 교회 같은 진보 교회도 있고 버지니아 주 패어팩스의 트루노 교회 같은 전(前) 성공회 보수 교회도 있다. 가끔씩 양쪽의 자원봉사 기간이 서로 겹칠 때도 있다. 제리에 따르면, 수태고지 교회는 신도시 보수 교회들에게는 추상적 존재로만 인식하던 도시 빈민을 실제로 만날 기회를 제공하고 있고, 부유층 진보 교회들에게는 그냥 성금만 보내는 것이 아니라 직접 손발로 뛸 기회를 제공하고 있다. 보수와 진보를 떠나 모든 교회에게 뉴올리언스는 개발도상국에서 일할 때 받는 문화 충격에 대한 좋은 실습장이 되고 있다. "여기는 그런 훈련을 제공할 만큼 위험한 곳이자 제3세계입니다"라고 제리는 말한다.

크레이머 부부는 휴스턴의 고급 주택 단지, 탄자니아의 선교 사역, 카트리나 이후로 뉴올리언스에 세운 선교적 교회 등 그들의 영적 순례에서 있었던 모든 일을 다 십일조 덕으로 돌리지는 않는다. 그러나 바른 물질관을 배우고, 우상들을 버리고, 전적으로 하나님만 신뢰하는 데 십일조가 중요한 역할을 했다는 점만은 분명히 말한다.

수태고지 교인들은 십일조에 담긴 후히 드리는 정신을 더 깊이 인식하게 되었다. 그렇게 많은 것을 잃고 그렇게 불안정한 상태로 살면서도 교회는 지역 사회에 베푸는 돈을 60퍼센트나 더 올렸다. 하루는 한 교인이 비상 구호품을 너무 많이 퍼 주어 걱정이라며 양을 줄였으면 좋겠다고 했다. 그러자 경험 많은 다른 교인이 아낌없이 주고 하나님의 공급을 신뢰하는 수태고지의 가르침을 강조했다. 그 이튿날 트럭 한 대 분량의 꼭 필요한 구호품이 새로 들어왔다.

> "성경적 십일조의 초점은 하나님한테 무엇을 얻어낼까에 있는 게 아니라 감사한 마음으로 어떻게 하나님을 섬길까에 있다."

크레이머 부부의 헌신은 2005년 크리스마스에 시험에 부딪쳤다. 통장의 잔고가 15달러로 떨어져 아이들에게 선물을 사줄 여유조차 없었던 것이다. 그 전에 그들은 탄자니아의 고아원을 후원하는 데 수천 달러를 약정했고 그 약정을 지켰다. 그러자 때마침 텍사스의 한 친구가 반드시 아이들의 크리스마스 선물을 사는 데만 쓰라며 스테이시에게 수표를 보내 왔다.

스테이시는 말한다. "성경적 십일조의 초점은 하나님한테 무엇을 얻어낼까에 있는 게 아니라 감사한 마음으로 어떻게 하나님을 섬길까에 있습니다. 저는 벤츠를 원하지 않아요. 누가 내게 벤츠를 준다 해도 도로 다른 사람에게 줄 거예요. 저는 우리 그리스도인들이 하향 이동으로 부름 받았다고 생각합니다."

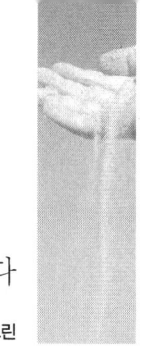

3. 전통을 잇는다

그레고리와 프레더리커 매튜스 그린

1991년 여름, 프레더리커 매튜스 그린(Frederica Mathewes-Green)은 피닉스에서 열린 제69차 성공회 총회에 참석했다. 프레더리커는 낙태를 반대하는 페미니스트(Feminists for Life)에서 전국적으로 발행하는 회보의 편집자로 몇 년간 일했는데, 나는 그녀의 재치 넘치는 기사들에 늘 감탄했었다. 그녀는 어느새 내가 가장 좋아하는 작가 중 한 명이 되었고, 나는 그녀를 그해 총회에서 처음으로 만나게 되었다. 멀리서 보니 프레더리커는 현대식 모조 양피지에 인쇄한 문서 사본을 무료로 배부하고 있었다. 그 문서는 프레더리커의 남편 그레고리(Gregory) 신부를 포함하여 여섯 명의 성공회 신부가 성공회의 열 가지 신학적 숙제를 정리한 볼티모어 선언(Baltimore Declaration)이었다. 이 선언이 성공회에 일으킨 가장 피부에 와 닿은 변화는 매우 깊이 있는 내용임에도 그 중요성을 인정받지 못했던 「신앙의 회복」(Reclaiming Faith)이라는 책을 출간한 것이었다.[1]

나는 그 총회 기간에 프레더리커를 인터뷰한 내용은 대부분 잊었지만 그녀가 울던 일만은 기억에 남아 있다. 그해 총회에는 매일 아침 성경 공부와 성만찬을 겸한 순서가 있었다. 부주교들, 주교들, 기자들, 방문객들이 어둡고 큰 전시실의 원탁 여러 개에 둘러앉아 성경을 읽고 하나님이 그날의 총회에 주신다고 생각되는 말씀을 함께 나누었다.

    그날의 본문은 복된 동정녀 마리아가 임신한 몸으로 사촌 엘리자베스를 방문했을 때 복중의 세례 요한이 마리아의 목소리만 듣고도 기뻐 뛰었다는 놀라운 이야기였다. 볼티모어 선언 홍보뿐만 아니라 '전국 성공회 낙태 반대 기구'(National Organization of Episcopalians for Life, NOEL)에서 자원봉사를 하기 위한 목적으로도 총회에 참석했던 그녀는, 이 본문에서 낙태를 반대하는 분명한 교훈을 끌어낼 수 있다고 지적했다. 그러나 같은 탁자에 앉아 있던 사람들은 그렇게 성경을 직해하는 데 동의하지 않았다. 프레더리커는 이후 나에게 그 이야기를 하면서 울었는데, 단순히 기분이 상해서가 아니라 그런 교회의 모습이 너무 슬펐기 때문이다. 프레더리커와 나는 그 뒤로 쭉 친구로 지냈다.

    1991년 총회는 프레더리커가 성공회 교인으로 참석한 마지막 전국 총회가 되었다. 총회는 볼티모어 선언에 무기력한 반응을 보였고, 성공회 성직자의 성생활을 결혼 언약 내로 제한해야 한다고 천명하는 일도 거부했다. 그래서 매튜스 그린 부부는 사역지를 다른 교단으로 옮겨야겠다는 확신이 들었다. 그들은 천주교와 소위 후속 성공회—성공회가 여성에게도 신부 안수를 주기로 결정하고 현대판 공동 기도서(1979년)를 채택한 뒤로 거기서 갈라져 나온 단체—를 고려해 보았다. 이전에 프레더리커는 남편과 같은 시기에 버지니아 신학대학원에서 공부하며 함께 성공회 목회자가 될 것인지를 놓고 고민한 적이 있었다. 성공회를 탈퇴하기로 결정한 매튜스 그린 부부는 결국 자치 안디옥 기독 정교회 북미 대교구에 들어갔다. 그곳은 동방정교회의 한 갈래로 목회 대상은 대부분 개신교인들 특히 복음주의 개신교인들인데, 그들은 더 깊은 영적 삶을 찾다가 동방정교회에 끌린 사람들이었다. 프레더리커는 이와 같은 자기 가정의 이야기를 「동방정교회의 신비를 향한 한 순례자의 여정」(*Facing East: A Pilgrim's Journey into the Mysteries of Orthodoxy*)이라는 책에 담아냈다.[2]

어린 시절에 그레고리는 성공회, 프레더리커는 천주교 교인이었다. 서로 만났을 때 이들은 기독교 신앙인인 척하지 않았고, 프레더리커는 결혼식에서 힌두교 기도문을 읽었다. 둘은 히피족이었고, 프레더리커는 자칭 다리에 털이 많은 페미니스트였고, 둘의 영성은 혼합적이었다. 그런데 신혼여행 중에 프레더리커는 예수 상 앞에 무릎을 꿇고 천국의 사냥개(프랜시스 톰슨의 시 제목, 죄인을 쫓아 구원하는 하나님의 은혜를 상징함—역주)가 분명하게 컹컹대는 소리를 듣게 되었다. 그 뒤로 1974-1975년에 함께 신학교에 다닐 때도 그들은 여전히 뜨거운 그리스도인이었고, 그때 십일조를 시작했다. 십일조는 쉽지 않은 결단이었지만 그리스도의 제자로서 함께할 이후의 삶에 깊은 영향을 미쳤다.

:: 가난한 신학생 시절

프레더리커는 이렇게 말한다. "우린 둘 다 새로 시작한 그리스도인이었고 신학교도 새로웠고 내 경우는 성공회도 새로웠어요. 우리가 무엇에 감명을 받아 십일조를 시작했는지는 모르지만 처음부터, 신학교 시절부터 했던 기억만은 분명합니다. 그때 우리는 부활 교회(Church of Resurrection)에서 관리인으로 일했는데 각자 20달러씩 주급을 받았지요.

근로 장학금 외에는 그것이 유일한 수입이었습니다. 학교에서 일하고 약간 가욋돈을 받았을지도 모르겠네요. 어쨌든 우리는 20달러를 받을 때마다 2달러씩 헌금을 했지요."

그레고리는 이렇게 말한다. "우리는 헌신된 그리스도인, 성경적 그리스도인은 십일조를 한다는 사실을 알게 되었습니다. 십일조는 우리가 물질의 영역에서 어떤 식으로든 하나님께 헌신되어 있음을 보여 주는 명백한 증거였습니다."

> "우리가 무엇에 감명을 받아 십일조를 시작했는지는 모르지만 처음부터 했던 기억만은 분명합니다."

프레더리커는 경제적으로 고달팠던 신학생 시절을 이렇게 회고한다. "그때 우리 집세는 월 100달러, 식비는 주 10달러였어요. 요구르트 한 병도 큰 낭비로 여겨졌지요. 신학교에 들어간 그해에 우리는 채식주의자로 살았고 그 덕에 돈을 조금 아낄 수 있었어요. 우린 지독히도 가난했어요. 웬만한 사람들이 마지못해 인정하는 수준보다 훨씬 가난했어요. 지퍼백이 그때 처음 나왔는데, 학교 야유회에 갔을 때인가 그 봉지들을 도로 가져와 씻어서 바깥에 말렸던 기억이 나네요. 유난스레 궁상을 떤다고 나를 놀린 친구도 있었지만 내 가난은 진짜였어요. 우리는 지퍼백을 한 번도 사 본 적이 없어요. 아버지가 지퍼백 몇 개에 어떤 물건을 담아 보내 주셨던 적이 있는데 우리는 그 봉지들을 버리지 않고 계속 씻어서 다시 썼어요. 나는 8달러나 하는 걸레를 사지 않고 그냥 스펀지로 바닥을 닦았어요. 20달러에서 10퍼센트를 드린다는 것은 정말 큰 희생이었지만 처음부터 우리의 결심은 아주 단호했어요. 결혼 후 34년 동안 십일조를 **하지 않은** 적이 없습니다. 매달 10퍼센트나 그 이상을 드렸어요."

그레고리는 말한다. "진정으로 헌신된 그리스도인이 된다는 것은 삶을 바꾸어 놓는 일이며, 삶에서 그 영향이 미치지 않는 부분은 하나도 없습니다. 그때 우리는 그것을 알았던 것 같고, 그러니 우리의 지갑도 예외일 수 없었습니다. 그리고 우리는 십일조의 의미에 대한 분명한 성경 지식이 있었습니다."

프레더리커는 일하면서 공부하던 졸업반 시절에 대해 이런 말을 했다. "그 당시에 겪었던 작은 논란이 기억나네요. 우리는 매주 이틀씩 학교에 갔는데 나는 구내식당에서 점심을 사먹는 데 2달러를 쓰고 싶지 않았어요. 식당은 누구나 2달러를 내고 식탁에 차려진 음식을 덜어 먹도록 했어요. 하지만 나는 도시락을 싸가고 싶었어요. 그런데 식당에서 도시락을 먹다가는 자칫 돈도 내지 않고 식당 음식을 먹게 될 수도 있다는 우려가 있었죠. 학교 측 입장은 아주 강경했어요. 그냥 2달러만 내면 된다는 것이었죠. 하지만 돈을 낼 사람은 나였고 우리는 2달러의 여윳돈도 없었기 때문에 나는 집에서 피넛버터 샌드위치를 싸가야 했어요. 내게 부담을 주려고 그랬겠지만, 결국 돈을 내지 않는 한 구내식당에 들어갈 수 없다는 결정이 내려졌어요. 그래서 나는 수업이 끝나면 급우들과 헤어져 현관에 앉아 샌드위치를 먹었어요. 결국은 학교 측도 나를 식당에 들어오게 해주어도 괜찮다고 결정했던 것 같아요. 커피는 마시게 해주었던 것 같은데 음식은 일체 손댈 수 없었답니다."

그 분리의 해법을 회상하며 프레더리커는 한바탕 웃어젖혔다. 그레고리는 그녀가 식당의 널찍한 현관에서 먹는 동안 '알현식이 열렸다'고 표현했다. 그녀를 동정하여 동료 학생들이 빙 둘러 모이곤 했다는 것이다.

3. 전통을 잇는다

:: 제2의 빈곤기

그레고리와 프레더리커는 그 시기를 좋게 말한다. 하나님을 신뢰하며 후히 드리는 습성이 그 시기에 몸에 뱄고, 그것이 자신들에게 큰 도움이 되었다고 그들은 믿고 있다. 특히 도움이 되었던 때는 그레고리가 보수가 좋은 성공회 신부직을 그만두고 볼티모어 대도시권에 안디옥 정교회의 새 교회인 홀리 크로스 교회(Holy Cross Church)를 개척하기로 결정했을 때였다. 재정적으로 큰 희생이 뒤따르는 결정이었다. 그레고리는 이 시기를 '제2의 빈곤기'라고 표현한다.

프레더리커는 1992년에 정식 직장을 잡아 메릴랜드 주에 낙태를 반대하는 주민 투표를 추진하는 일을 했다. 재정적 희생이 닥칠 것을 알았기에 이들 부부는 프레더리커의 직장에서 들어오는 수입을 앞으로 쓸 비상금으로 모두 저축했다. 프레더리커는 이렇게 말한다. "막상 정교회로 옮기려니까 무척 걱정이 되었어요. 세 자녀도 있었고 의료보험도 어떻게든 마련해야 했고 사제관에서도 나와야 했거든요. 나는 계속 이 말만 했지요. '주님, 십일조 하는 사람을 열 명만 붙여 주시면 교회를 시작할 수 있겠습니다.' 성공회 교회에서 홍보 비슷하게 해보았으나 동참하겠다는 사람이 별로 없어 우리는 놀랐어요. 우리는 높은 성공회 교회에서 뛰어내려 에스컬레이터에 타기만 하면 약간 더 높은 정교회로 갈 줄로 알았는데, 뜻밖에도 호응하는 사람이 별로 없었어요. 시간이 가면서 사람이 더 오기는 했지만 처음에는 아니었어요. 내 입에서는 '열 명만 십일조를 하면 한 명의 수입이 되는데'라는 말만 나왔지요. '십일조 하는 사람을 열 명만 보내 주세요'라고 계속 기도했는데 일단 다섯 명이

왔어요.

한동안은 궁색하기 짝이 없었지요. 처음부터 교회는 그레고리의 사례비를 정했는데 월 1,500달러인가 그랬습니다. 아주 적은 액수였지요. 교회는 첫 예배를 드린 1993년 2월 14일자로부터 시작하여 우리에게 사례비를 주기로 결정했으나 줄 돈이 없었어요. 그렇게 한 달 두 달 지나는 사이, 일단 우리 통장에서 남편 월급을 주고 나중에 교회에서 갚기로 했지요. 우리는 받을 돈을 계산했고 교회는 3년이 못 되어 전액을 갚았어요. 교회는 월급 외에도 이전의 부족분까지 약간 보충해 줄 정도로 형편이 나아졌어요. 이것은 하나님이 다 알아서 공급해 주시는 또 하나의 예입니다. 주민 투표를 추진하던 그 직장이 아니었더라면 어떻게 살았을지 모르겠어요. 하지만 모든 것이 너무 일찍도 아니고 꼭 필요한 때에 채워졌고, 그래서 우리는 헤쳐 나올 수 있었어요."

어려움이 몇 주, 몇 달씩 계속될 때면 그레고리는 자신이 택배 트럭이라도 운전해야 할지 고민하기도 했다. 그는 이렇게 말한다. "돌아보면 한결 더 또렷이 보입니다. 하지만 다들 알다시피, 때로 창의적인 활동의 한복판에 있다 보면 상황이 점점 나아지고 있어도 그걸 모를 때가 있습니다."

다음은 프레더리커의 말이다. "우리는 교회도 교구에 십일조를 낼 것을 강조했어요. 그 당시 교구에서 개척 교회에 주는 지원금은 아주 미미했답니다. 교구에서 우리에게 월 200달러씩을 보내왔는데 우리 교회 총 수입이 월 2,000달러쯤 되었고 그래서 우리는 월 200달러씩을 도로 보냈어요. 교구는 우리를 지원하고 우리는 교구에 십일조를 내면서 같은 액수의 수표가 우편으로 교환된 것이지요."

홀리 크로스 교회는 처음 몇 년 동안에는 캐이턴스빌 부근의 주민회관에서 모였다. 그러다 1997년에 볼티모어-워싱턴 국제공항 근처 린티컴의 한 교회 건물을 구입했다. 현재 매튜스 그린 부부는 그 교회 바로 옆에 살고 있다. 구입한 건물은 본래 감리교회로 지어졌다가 홀리 크로스에서 구입할 즈음에는 한국인 순복음교회로 바뀌어 있었다. 오순절 예배 공간을 홀리 크로스 교인들이 많은 시간을 들여 성상이 풍부하고 향이 피어나는 오늘의 교회로 탈바꿈시켰다.

교회가 성장하면서 그레고리의 수입은 다시 전처럼 안정되었고 프레더리커도 왕성한 작가(9권의 저서)와 강사(낙태를 반대하는 단체, 교회, 대학 강의 등)로 활동하게 되었다. 그녀는 말한다. "상황이 나아지고 홀리 크로스 교회가 잘 정착하여 성장하면서 나는 과감히 헌금 비율을 20퍼센트로 올리기로 했어요.(1년 반쯤 전인 것 같네요). 지난 한 해 20퍼센트를 드리면서 걱정도 되었지만 해 보니 아주 좋았어요. 하나님이 주시는 것보다 우리가 더 많이 드릴 수 없다는 말은 정말 맞는 말이었어요."

:: **고대로부터 내려온 전통**

매튜스 그린 부부는 그들이 1970년대 중반부터 시작했던 십일조라는 영성 훈련의 닻을 동방정교회 신학에서 발견하게 되었고, 아울러 이 영성 훈련의 본래 취지가 무엇인지도 더 깊이 이해하게 되었다. 그레고리는 말한다. "정교회로 옮기고 나서 십일조와 청지기직에 대한 우리의 이해가 확 달라졌다는 느낌은 없었습니다. 오히려 기존의 이해가 더 깊어지는 느낌이었고, 전통을 이어가는 연속성을 훨씬 많이 볼 수 있었습니다. 십일조와 영성 훈련들이라는 전체적 개념의 연관성, 십일조와 정교회에서 강조하는 신화(神化, theosis)—하나님처럼 되는 것, 하나님의 형상으로 자라가는 것—의 연관성이 금방 보였습니다.

후히 베푸심 즉 넘치는 긍휼과 사랑과 자기희생은 분명히 하나님의 성품의 일면이므로, 우리도 교회를 통해 여러 방법으로 그 성품을 연습할 수 있습니다. 우리가 그분께 드릴 때 영적인 근력이 자라 하나님을 닮아갑니다. 산상수훈에서 예수님은 기도와 금식과 구제에 대해 말씀하시는데 이 셋은 특별한 연관이 있는 것 같습니다. 예수님이 같은 설교에 셋을 함께 말씀하셨기 때문만이 아니라 또한 그리스도인의 삶에서 그 세 가지 단면은 만물을 다스리시는 하나님의 통치권에 우리가 헌신되어 있음을 보여 주며, 아울러 그 헌신을 내면화하는 방법이 되어 주기 때문입니다.

다시 말해서 하나님의 통치권이 물질계 전체에 미친다는 뜻입니다. 우리도 어느 정도 권한을 위임받았지만 주권과 통치권이 그분께 있음을 압니다. 십일조는 그것을 표현하는 방법입니다. 십일조를 일종의 성례적 실증으로까지 볼 수 있습니다."

다음은 프레더리커의 말이다. "정교회는 고대의 영성 훈련들을 계속 이어가고 있는데, 솔직히 우리는 정교회에 와서도 한동안 그것을 믿지 못했어요. 나중에 보니 그들은 정말 수요일과 금요일에 금식하고 1세기부터 내려온 다른 영성 훈련도 지속하고 있었어요. 민족 배경도 다르고 수세기 동안 서로 접촉이 없었는데도, 어느 시대의 예배 문헌이나 기록을 보아

"이 모든 연습은 하나님 나라에서 충만하게 살아가는 법을 배우기 위한 보조 바퀴입니다."

도 여전히 영성 훈련이 동일함을 알 수 있었어요."

그레고리는 십일조가 헌금에 진지해지고 싶은 그리스도인들에게 보조 바퀴와 같다고 한 랜디 알콘의 말을 인용했다. 그는 금식 역시 마찬가지라고 본다. "이 모든 연습은 하나님 나라에서 충만하게 살아가는 법을 배우기 위한 보조 바퀴입니다. 우리 삶의 현 단계에서는 대체로 보조 바퀴가 필요합니다. 십일조가 정말 좋은 예입니다. 처음에는 십일조가 보조 바퀴처럼 답답하게 느껴질 수 있지만 얼마 지나면 은혜가 사람을 다른 차원으로 데려갑니다. 그렇게 되면 정말 마음이 더 후해져 보조 바퀴를 떼어도 되고, 월말에 '우리가 10퍼센트를 드렸던가?'라고 크게 걱정할 일도 없어집니다. 헌금을 했는지를 따지는 문제라기보다 정말 은혜 가운데 성장함을 경험하게 되는 것입니다.

대부분의 영적 훈련도 같은 원리라고 봅니다. 우리는 타락한 세상에 태어난 타락한 인간들이며, 타락한 세상과 우리의 관계는 하나님이 본래 의도하신 상태가 아닙니다. 나는 돈과의 관계도 바르지 못하고, 내 위장(胃腸)과의 관계도 바르지 못하고, 시간이나 기타 모든 것을 사용하는 면에서도 바르지 못합니다. 이런 관계를 바르게 해주는 좋은 장치들과 훈련들이 전통 속에 있습니다."

수십 년의 십일조 생활을 돌아보며 그레고리와 프레더리커는 하나님이 신실하셨고 그들을 더 후히 드리는 삶으로 부르셨다는 일관된 증거를 본다. 그레고리는 말한다. "재정적으로 무척 힘들 때도 있었지만 십일조를 그만두어야겠다는 유혹을 강하게 느껴 본 적은 정말 없습니다. 오히려 더 많이 드릴 수 있음을 깨달았습니다. 하나님은 재정적으로뿐만 아니라 다른 많은 부분에서 우리에게 아주 풍성히 주셨고, 그래서 우리가 되돌려드릴 수 있는 한 가지 확실한 방법은 십일조 이상으로 여러 사역과 구제를 후원하는 것이었습니다. 우리는 '창고'를 교회로 이해하고 늘 그 창고에 들이고 있습니다."

프레더리커는 말한다. "십일조를 한다고 빈곤해지는 게 아님을 우리는 처음부터 알 수 있었어요. 사실은 신기하게도 돈이 더 많아지곤 했어요. 신학교에 들어간 첫 해에 은행에 가서 잔고를 보면 이상하게 우리가 넣지도 않은 돈이 50달러씩 더 있을 때가 두어 번이나 있었어요. 적어도 두 번 그런 일이 있었는데 그 돈이 어디서 났는지 끝내 알아내지 못했어요 (그때는 통장을 들고 가면 은행에서 잔고를 적어 주던 시절이었다). 바라지도 않던 뜻밖의 환급금이나 보너스나 물건이 들어오기도 했지요.

> "십일조를 하면 다시 퍼내기도 전에 어느새 축복이 계속 흘러든답니다."

그런 일이 자꾸 되풀이되었어요. 값을 치러야 할 물건이 이상하게 공짜가 되기도 했고, 생각지도 못한 돈이 우편함에 들어 있기도 했어요. 이것은 꼭 물이 새는 배에서 물을 퍼내는 것과 같지요. 십일조를 하면 다시 퍼내기도 전에 어느새 축복이 계속 흘러든답니다."

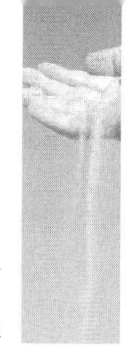

4. 보증금

존 슈위버트

1990년에 조지 H. 부시 대통령은 자기가 오리건 주 포틀랜드를 방문했을 때 그곳에서 폭력 시위가 터졌다는 이유로 포틀랜드를 '작은 베이루트'라고 불렀다고 한다. 메타노이아 평화 공동체 연합감리교회(Metanoia Peace Community United Methodist Church)는 단호히 비폭력을 고수하지만, 그곳의 경사진 마당에 군데군데 붙어 있는 포스터는 노스이스트 18번가와 틸러무크 길이 만나는 이 널찍한 모퉁이가 부시의 텃밭이 아님을 확실히 보여 준다. 마당의 다른 곳에는 포틀랜드 시 인사가 선물한 평화의 기둥이 세워져 있고, 기둥에는 '온 세상에 평화가 가득하기를'이라는 기원이 적혀 있다. 메타노이아 교회가 18번가 평화의 집(Eighteenth Avenue Peace House)이라고 부르는 건물 정문에는 '미국이 이라크를 떠나야 하는 열 가지 이유'가 게시되어 있다.

존 슈위버트(John Schwiebert) 목사는 평화의 집 문간에서 나를 맞아 주었고, 우리는 조용한 방에 앉아 메타노이아 평화 교회의 역사와 이 교회가 십일조에 헌신한 일에 대하여 대화했다. 키가 크고 호리호리한 존은 친근감 있게 눈을 맞추어 가며 조용하고 느긋하게 말했다. 그러다 평화 운동가로서 아주 특이했던 순간들을 회고할 때는 웃기도 했다. 한번은 그가 다른 시위자들과 함께 감옥에서 주말을 보내고 있었다. 그들은 텔레비전 뉴스를 보다가 자기들이 곧 풀려날 것을 알게 되었는데, 이것은 시위자들에게만 아니라 감옥 간수들에게도 뉴스였다.

아이다호 주 콜드웰에서 자란 존은 아이다호 대학에서 공부한 뒤 뉴저지 주 드류 신학대학원에서 3년을 보내고 1972년에 오리건에 정착했다. 그는 "내 평생의 절반 이상을 이곳 포틀랜드에서 살았습니다"라고 말한다. 존은 반문화적이지만 실용주의자이며, 그래서 돈 관리의 기초조차 모르는 사람들이 그토록 많다는 데 몇 차례 놀라움을 표했다. 그는 또한 이상주의자이지만, 이 공동체의 이상이 썩 잘 이루어지지 않았던 때들을 솔직히 들려주었다. '연령, 인종, 국적, 성별, 성적 성향, 경제적 상태, 기독교나 신앙 공동체의 경험과 관계없이' 누구나 환영하는 메타노이아 교회는 1993년에 레즈비언인 조이스 맥매너스를 공동 목사로 임용했다. 그런데 2년도 못 되어 교인의 80퍼센트가 그녀를 계속 교역자로 둘 수 없다고 결정했다. 그 결과로 메타노이아는 일부 교인들을 잃었고, 결국 교회가 구입했던 근처 주택 중 맥매너스와 그 파트너의 지분을 6만 달러를 지불하고 샀다.

메타노이아는 1985년 중반기에 생겨난 작은 계획 공동체다. 신약 성경에서 헬라어로 '메타노이아'라는 단어는 자신의 마음을 바꾸는 일 즉 회개를 뜻한다. 메타노이아의 핵심 창립 멤버인 존과 팻(Pat) 부부와 브루스와 앤 헌트워크 부부는 오래 전부터 평화 시위와 비폭력적 직접 행동에 참여하면서 서로 알게 되었다. 비폭력적 직접 행동을 메타노이아는 '구체적인 폭력과 불의의 사례들에 때로 불법적 수단(시민 불복종)까지 동원하여 적극적으로 맞서되 예수님, 간디, 베리건 형제(둘 다 천주교 신부로 1960년대에 반전 운동을 이끌었던 대니얼 베리건과 필립 베리건-역주) 등이 실천한 언행의 비폭력 원리에 충실한 방법으로만 맞서는 것'으로 정의한다.[1] 실제로 존은 팻과 사귈 때 데이트의 일부로 베트남전 반대 시위에 참여했다고 한다.

설립자들의 공통된 경험 때문에 처음부터 '메타노이아'는 이 공동체에 어울리는 이름으로 느껴졌다. 존은 이렇게 말한다. "우리는 간디 식의 비폭력적 시민 불복종을 하고

> "우리는 전에도 교회에 다녔고, 그래서 기독교 제자도의 부름이 대다수 교회들이 생각하는 것 훨씬 이상임을 알고 있었습니다."

있었으므로 공동 사안별로 산하 단체가 조직되어 있었습니다. 우리 그리스도인들도 주변을 의식하여 단체를 결성했는데, 온갖 부류의 사람들이 속해 있던 다른 운동의 일부였습니다. 우리 단체에도 이름이 필요해서 메타노이아라 불렀습니다. 그때는 메타노이아 평화 공동체 교회를 세우기 전이었습니다. 나중에 모임이 시작되고 새 교회에 대한 말이 나오기 시작했을 때, 메타노이아는 이미 우리가 쓰고 있던 이름이었습니다. 우리는 전에도 교회에 다녔고, 그래서 기독교 제자도의 부름이 대다수 교회가 생각하는 것을 훨씬 능가하는 것임을 알고 있었습니다. 우리는 이 사회에 만연된 남루한 개인주의에서 벗어나 공동체다운 공동체를 만들어 보자고 말했습니다. 지배 문화에서 분리되지는 않되 다른 장단에 맞추어 걷기로 한 것입니다. 여기에는 분명히 반문화적인 측면이 있으며, 메타노이아라는 말에 그런 뜻이 함축되어 있음을 우리도 알았습니다. 방향을 전환하는 것입니다."

시카고의 '미국 예수 사람들'(Jesus People USA)이나 앤아버의 '하나님

의 말씀'(The Word of God) 같은 미국 내 다른 기독교 계획 공동체들과 달리 메타노이아는 수백 명 규모로 성장하지 못했다. 메타노이아 웹사이트(www.metanoia.org)에서 연혁을 보면, '공동체를 세우고 개개인을 교인과 지도자로 준비시키기 위하여 마련된'[2] 그리스도인의 삶 학교에 등록한 성인은 서른 명이다. 그 과정을 수료하고 메타노이아 창립 멤버가 된 사람은 열아홉 명이다.

메타노이아 교인은 그저 교적에 이름을 올리고 시간 날 때 예배에 참석한다고 해서 되는 게 아니다. 정식 교인들은 언약에 따라 다음과 같은 훈련들에 헌신해야 한다.

- 매주 공동체의 주일 모임에 참석한다.
- 십일조(10퍼센트)를 시작으로 하여 개인의 모든 소득과 재산을 공유 자원으로 간주한다.
- 언약 멤버 소그룹으로 다른 멤버들과 함께 정기적으로 모이고, 언약을 실천하는 부분에서 다른 멤버들의 감시를 받는다.
- 매달 한 번의 정식 멤버 모임에 다른 멤버들과 함께 모인다.
- 혼자서 그리고 다른 사람들과 함께 날마다 시간을 드려 묵상, 기도, 침묵, 기타 경건 생활을 한다(내면의 여정).
- 세상을 향한 사명을 수행하되 그것이 구체적인 긍휼과 정의의 행동으로 나타나야 한다(외면의 여정).
- 하나님의 소명에 응답하는 삶을 살며, 그 소명을 분별하는 지속적인 과정에서 다른 멤버들의 지도를 구한다.
- 함께 동참하여 그리스도의 몸을 세우며 서로 지원하고 세워 준다.

- 동료 멤버들과의 대화를 통하여 자신이 다른 자리나 관계로 부름 받았다는 분별에 함께 이를 때까지는 계속 멤버로 남는다.[3]

존에 따르면, 현재 메타노이아의 헌신된 멤버는 16명이며 그중 절반은 평화의 집에 함께 살고 있다. 35명의 '체류 멤버'도 있는데, 이들은 메타노이아의 사명에는 공감하지만 아직 멤버 언약에 서명하지 않은 사람들이다. 메타노이아 예배에 참석하는 인원은 대개 25명쯤 된다. 존 외에 자신의 십일조 경험을 들려주겠다고 한 사람은 메타노이아의 체류 멤버이며 민권 운동가인 리자 클레이(Lisa Clay)뿐이었다.

이미 평화의 집에 살고 있는 메타노이아 멤버에게 십일조를 요구하는 것은 약간 중복처럼 보인다. 이미 수녀원에 살고 있는 수녀들에게 온종일 베일을 쓰고 살라고 하는 것처럼 말이다. 그러나 메타노이아의 모든 헌신된 언약 멤버에게 십일조는 후히 베푸시는 하나님을 알아 가는 여정의 출발점이다.

존은 말한다. "메타노이아 멤버가 되는 사람은 십일조가 멤버의 기본 조건이라는 데 동의합니다. 내가 즐겨 쓰는 비유가 하나 있는데 메타노이아 초기에 자주 나왔던 말입니다. 바로 십일조를 보증금으로 보는 개념입니다. 이 집도 물론이고 대부분의 부동산 거래 절차는 사는 사람의 이런 말로 시작됩니다. '이 집을 사고 싶군요. 진심이라는 표시로 1만 달러를 보증금으로 내겠습니다. 앞으로 잔금도 치르겠다는 뜻입니다.' 만약 파는 사람은 계약을 이행하는데 사는 사람이 어긴다면 보증금은 파는 사람의 몫이 됩니다."

"메타노이아 멤버가 되는 사람은 십일조가 멤버의 기본 조건이라는 데 동의합니다."

"우리는 이렇게 말했습니다. 좋습니다, 우리 공동체의 목표는 모든 재산을 공유하는 것이며, 따라서 어떤 종류의 소득이든 예외 없이 함께 나누어야 할 자원입니다. 물론 자신이 빈곤한 상태가 되지 않도록 일부 돈은 남겨두어야 되겠고, 또 일부 돈은 다른 사람들에게도 베풀어야 합니다. 하지만 십일조는 매주 혹은 매달 드리는 보증금이며, 자신이 이 삶에 온전히 헌신되어 있다는 고백입니다. '너희는 먼저 그의 집(kindom)을 구하라, 그리하면 이 모든 것을 너희에게 더하시리라.' 이 말씀이 우리의 확고한 소신이 되었다고 봅니다. 하나님의 집에 더 많이 투자할수록 자원이 어디서 올지에 대해서는 걱정을 덜 해도 됩니다. 자원은 그냥 오는 것 같습니다. 우리에게 그것은 부인할 수 없는 사실입니다."

:: **공동체 만들기**

지금까지 메타노이아의 재정에 도움이 되고 있는 것이 두 가지가 있다. 하나는 평화의 집을 정직하게 구입한 일이고 또 하나는 팻 슈위버트의 수입이다. 팻은 갓 태어난 아기를 잃고 슬픔에 잠긴 가정들을 돕는 일을 하고 있다(www.griefwatch.com).

존은 팻이 죽어가는 환자들을 도우면서 많은 지혜를 얻었다고 말한다. "그와 동시에 아내는 출산 교육도 하고 있었는데, 출산 전후나 출산 도중에 아기를 잃은 가정들을 만날 때면 아내가 그들에게 요긴한 도움이 되었습니다. 그들은 병원 사람들이 때로 매우 둔감하고 어찌할 바를 모른다며 각자의 사연을 들려주었습니다. 물론 병원 사람들도 그런 일이 발생하면 기분이 좋지 않겠지만, 그래도 그들은 아기의 부모들과 정서적으로 거리를 두는 경향이 있었습니다. 아내는 전문 의료인들이 어떻게 하면 사별의 슬픔을 이해하고 부모들을 도울 수 있는지에 대하여 가르치고 글을 쓰기 시작했습니다. 또 부모들을 상대로 「사랑하는 아기를 잃었을 때」(*When Hello Means Goodbye*)[5]라는 책을 써서, 그런 상황이 닥쳤을 때 필요한 도움을 얻는 법, 사별의 슬픔을 잘 통과하는 법, 비슷한 슬픔에 잠긴 다른 사람들을 돕는 법 등을 소개했습니다.

당시 아내는 오리건 보건과학 대학교에서 일하고 있었고, 그 책도 그 학교에서 출간해 주었습니다. 그곳은 비영리 재단이었는데 한번은 그들이 '이런 작은 사업들이 우리에게 너무 많아 일부를 분리시켜야겠다'고 말했습니다. 그러고 보니 우리도 비영리 기관이었습니다. 그때는 메타노이아 평화 공동체 연합감리교회가 이미 출범한 후였습니다. 학교가 커지다 보니 어차피 오리건 보건과학 대학교에는 공간이 부족했고, 그래서 우리는 출판 일을 이쪽으로 옮겨왔습니다. 그래서 지금은 이 일이 메타노이아 평화 공동체의 일부가 되었습니다. 서적과 기타 물품을 여기서 배송하고 또 이곳 지하실에서 인쇄까지 일부 하기 때문에, 그런 자료의 판매 수익금이 이곳 재정에 도움이 됩니다. 재산세와 건물 유지비를 충당하는 데 도움이 됩니다. 게다가 우리는 아예 여기서 살고 있으므로 다른 데에 집세나 융자 상환금을 낼 필요가 없습니다. 이러한 절약 덕분에 상당한 액수의 돈을 다른 데로 돌릴 수 있습니다. 다른 단체에 기부도 하고, 우리 교회 규모에 비해 제법 많은 사역도 감당할 수 있습니다."

슈위버트 부부는 어느 날 아침 조깅 중에 매물로 나온 건물을 보았는데, 그것이 메타노이아가 구입한 평화의 집이다. 건물은 세인트루이스의 한 은행에 차압되어 있었다. 존은 말한다. "1986년도에 가격이 12만 달러였습니다. 우리는 현금은 없이 집만 한 채 있었고, 브루스와 앤 부부도 집이 있었습니다. 새 공동체와 새 교회를 세우는 일에 대해 그들과는 이미 얘기가 되어 있었습니다. 그들은 우리가 원한다면 자기들은 좋다고 했습니다. 다른 사람이 현금으로 사려고 대기하고 있었기 때문에 우리는 어떻게든 현금을 융통해야 했습니다. 불과 두 주 반 만에 친구들을 스물여섯 명이나 찾아다니며 약속어음만 주고 무담보 대출로 돈을 빌렸습니다. 그 돈을 다 합해 현금으로 주고 집문서를 받았습니다. 그리고 메타노이아를 설립하여 법인으로 만들자마자 이 집을 교회에 양도했습니다.

돈 세탁의 인상을 풍긴다든지 교회 소유인 척하면서 실제로는 우리 소유로 둔다는 것은 있을 수 없는 일이었습니다. 우리는 사유 재산을 근본적으로 버렸고, 여생을 다른 사람들과 더불어 공동체로 살 생각이며, 재산을 챙겨 이 삶을 떠나는 일은 없을 것입니다. 공동체를 만드는 데는 그것까지 다 포함되어 있었습니다. 그것은 우리의 소신의 일부가 되었습니다.

혹시라도 메타노이아 평화 공동체가 없어지게 되면 이 부동산의 소유권은 자동으로 포틀랜드에 있는 연합감리교회 오리건-아이다호 노회로 이전되는 것이 집문서에 명시되어 있습니다. 그들이 이 집을 어떻게 할지는 나도 모르지만 분명히 그것은 우리의 소관이 아닙니다. 아울러 이 집의 거주자들과 메타노이아 평화 공동체 연합감리교회 법인 사이에 작성된 문서가 있어, 거주자들은 운영비 전액을 자체적으로 지불하는 한에서만 이 집에 살 수 있도록 되어 있습니다. 실제로 우리는 그렇게 하고 있습니다. 비용의 일부는 아내의 사별 상담 프로그램에서 충당되고 있습니다. 나는 이미 은퇴하여 교회에서 사례비를 받을 필요가 없으므로 공과금의 절반은 교회 예산에서 대주기로 했습니다."

:: 리자를 구해 준 십일조

리자 클레이는 1990년대 초에 메타노이아의 체류 멤버가 되었다. 리자는 어렸을 때 작고 힘든 그러나 성령 충만한 교회들에 다니면서 십일조의 중요성을 배웠다고 한다. 메타노이아에서 겪었던 십일조와 관련된 일로 그녀는 두 가지 극적인 사연을 들려주었다.

하나는 메타노이아의 동료 멤버들이 리자를 불시에 구해준 일이다. 리자는 이렇게 말했다. "그날 나는 길을 걷고 있었습니다. 400달러가 필요했어요. 그전에 안 좋은 일이 있었고, 정말 쥐꼬리만한 내 수입으로 아이들을 나 혼자서 키우다시피 하고 있었지요. 아주 급하게 400달러가 필요했어요. 기운이 쭉 빠져 있는데 경적 소리가 나서 고개를 들어보니 그 가정이 있었습니다. 그들도 아마 나 못지않게 힘든 상황이었을 거예요. 그런데 그 무렵 그들에게 무슨 좋은 일로 돈이 생겼다고 하더군요. 그들 모두가 그 돈에 대한 십일조를 나에게 주었는데 금액이 400달러였답니다. 단순히 성령의 인도하심에 순종한 그 십일조가 내게는 사랑으로 다가왔고, 금액까지도 정확히 맞아떨어졌지요! 평생 잊지 못할 겁니다."

두 번째 사연은 리자가 어느 점포를 상대로 한 민권 소송에서 8만 달러의 합의금을 받고 나서 겪었던 딜레마와 관련된 것이다. 그녀는 십일조를 드려야 할지 망설였으나 십일조를 최고 우선순위에 두어야겠다고 결심하기 전까지는 마음이 불편했다. 그녀는 말한다. "나는 아주 심란한 마음으로 수영을 하고 있었어요. 뭔가 잘못되어 있음을 마음으로 알았지요. 잘못된 것은 다름 아니라 내가 하나님을 첫자리에 모시지 않고 있다는 것이었습니다. 이튿날, 거의 한 순간에 모든 일이 척척 풀렸습니다." 그녀는 메타노이아에 십일조를 드렸고, 8,000달러 전액이 목사의 자유재량 기금에 들어갔다. 존 슈위버트는 혹시 더 어려운 가정이 리자의 눈에 뜨이면, 하나님께 드린 그녀의 십일조를 가지고 그들을 즉각 돕겠노라고 그녀에게 확실히 말해 주었다.

5. 보물을 하늘에 쌓아 두라

랜디 알콘

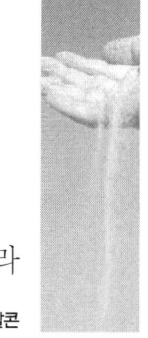

랜디 알콘(Randy Alcorn)은 낙태를 반대하는 운동에 헌신한 대가로 13년의 목회 인생을 접어야 했다. 그는 포틀랜드 교외 그레셤에 있는 자기 집에서 북동쪽으로 8킬로미터쯤 떨어져 있는 선한 목자 공동체 교회(Good Shepherd Community Church)의 목사였다. 그러나 소설과 논픽션을 포함한 랜디의 저서들이 하나님의 경륜으로 큰 인기를 얻으면서 이제 그의 교구는 전보다 훨씬 넓어졌다. 지금까지 그의 저서에서 들어온 인세가 수백만 달러에 달하는데, 그는 인세 전액을 기독교 사역 기관들에 기부했다. 랜디의 책 대부분에는 몇 가지 공통된 주제가 흐르고 있다. 예수님이 십자가에서 죽으심으로 우리를 구속하셨다는 것, 천국과 지옥이 실재한다는 것, 하나님은 그분의 사람들을 영원한 나라를 위하여 희생의 삶으로 부르신다는 것 등이다.

랜디는 자택 뒤편의 사무실에서 나를 맞아 주었다. 사무실에는 액자에 끼운 책표지들과 스포츠 기념품들이 쭉 늘어서 있었다. 어느 모로 보나 남자의 방이었지만 독신자 아파트보다는 훨씬 깔끔했다. 랜디는 수시로 혈당을 검사해야 한다고 했다. 1985년에 인슐린 의존성 당뇨병 진단을 받았다는 것이다. 우리는 녹음기를 앞에 놓고 작은 냉장고에서 음료수를 하나씩 골라 자리에 앉았다. 의지 강한 선술집 주인의 아들을 하나님이 어떻게 제자도의 대가(代價)에 관한 교훈을 전하는 일에 쓰고 계신가에 대한 우리의 대화는 그렇게 시작되었다.

랜디는 포틀랜드의 비기독교 집안에서 자랐다. 그가 파월 벨리 공동체 교회에 처음 나가기 시작한 것은 낸시(Nanci)라는 여학생 곁에 있고 싶어서였다. 그는 그 교회를 통해 그리스도인이 되었고, 낸시는 결국 그의 아내가 되었다. 신앙 생활 초기부터 랜디는 신앙을 위하여 용감히 희생한 사람들에게 마음이 끌렸다고 한다. 루마니아에서 공산주의자들에게 고문을 당하고 나중에 '순교자의 소리'라는 선교 단체를 세운 리처드 범브란트라든가 체포의 위험을 무릅쓰고 철의 장막 저편에 성경책을 밀반입한 앤드류 형제 같은 사람들 말이다. 그는 이렇게 말한다. "몇 년 동안 나는 교회에는 별로 헌금을 하지 않았습니다. 대신 교회 바깥의 기독교 단체들 특히 박해받는 그리스도인들을 돕는 단체들에 헌금을 아주 많이 했습니다."

랜디는 자기 교회 목사가 지역 교회를 후원하는 일의 중요성에 대하여 설교하는 것을 듣고 십일조를 알게 되었다. 설교 본문이 갈라디아서 6:6 말씀이었다는 것도 기억에 남아 있다. "가르침을 받는 자는 말씀을 가르치는 자와 모든 좋은 것을 함께하라."

랜디는 이미 교회 바깥에 '10퍼센트 훨씬 이상'을 드리고 있었다고 했다. "하지만 그때부터 나는 교회에 10퍼센트를 드리기로 결심했습니다. 교회에 10퍼센트를 드리자 그제야 주인 의식이 느껴졌습니다. 예수님이 마태복음 6:20-21에 하신 말씀이 비로소 이해가 되었습니다. 그분은 우리를 위하여 보물을 하늘에 쌓아 두라 하셨고, 뭔가에 돈을 드리면 우리의 보물이 있는 그곳에 우리의 마음도 있다고 하셨습니다."

랜디는 십일조가 자신이 교회를 위하여 할 수 있는 최소한의 일이라 확신했고, 한 번도 십일조를 율법적으로 본 적이 없다고 한다. "이미 그때부터 나는 연구하고 조사하는 버릇이 있었습니다. 신약 시대인 지금, 그리스도를 따르며 인류 역사상 가장 풍요로운 사회에 살고 있는 내가 10퍼센트보다 덜 드리면서 그것을 정당화할 수는 없다는 게 분명했습니다. 10퍼센트라면 하나님이 이스라엘의 가장 가난한 사람들에게 요구하셨던 기준 아닌가요? 그런데 예수님의 은혜를 알고 있는 내가 그보다 더 드리지 못할 이유가 무엇이겠습니까? 십일조는 좋은 출발점처럼 보였습니다. 당시에는 그렇게 표현하지 않았지만 돌아보면 그때 내가 배운 것이 바로 그거였다는 생각이 듭니다."

> "신약 시대인 지금, 그리스도를 따르며 인류 역사상 가장 풍요로운 사회에 살고 있는 내가 10퍼센트보다 덜 드리면서 그것을 정당화할 수는 없다는 게 분명했습니다. 10퍼센트라면 하나님이 이스라엘의 가장 가난한 사람들에게 요구하셨던 기준 아닌가요?"

랜디는 멀트노마 성경 대학에서 신학 학사 학위를 그리고 웨스턴 신학대학원에서 석사 학위를 받았는데, 두 학교 모두 포틀랜드에 있다. 멀트노마에서 공부할 때 그는 파월 밸리 공동체 교회에서 시간제 중고등부 전도사로 일했다. 1977년에 석사 학위를 마치고 얼마 안 되어 그는 다른 사람과 둘이서 선한 목자 공동체 교회의 창립 목사가 되어 1990년까지 거기서 목회했다. 그는 목회에 싫증이 난 것도 아니고 도덕상의 문제를 일으킨 것도 아니었다. 다만 그는 러브조이 수술센터(Lovejoy

Surgicenter)의 태아들의 목숨을 보호하려는 단체에 들어갔을 뿐이다. 그 센터는 포틀랜드의 노스웨스트 25번가와 노스웨스트 러브조이 길이 만나는 곳에 있어 그런 이름이 붙었다. 1998년에 "로스앤젤레스타임스" 지는 이 시설이 "오리건 주에서 시술되는 모든 낙태의 절반 가까이를 맡고 있으며 그밖에도 발 치료, 정관 절제, 난관 불임 수술, 성형 수술 등을 하고 있다"고 보도했다.[1]

:: "내 능력이 약한 데서 온전하여짐이라"

1980년대를 기점으로 그리스도인들이 태아를 살리는 운동에 참여했는데, 랜디도 그중 하나다. 사실, 자신의 저서 「생명을 살리는 일은 옳은 일인가?」(Is Rescuing Right?)에서 그는 낙태 시술소들을 상대로 한 비폭력 시민 불복종을 옹호했다.[2] 그 결정은 랜디와 33명의 다른 시위자들에게 큰 희생을 불렀다. 러브조이 수술센터의 소유주 앨린 클래스는 무단 침입과 불법 방해 혐의로 시위자들을 고소했다. 그녀는 승소했고 배심원단은 시위자들에게 820만 달러의 벌금을 부과했다.

랜디는 그때도 이미 출간 작가였지만 판결이 내려졌을 당시에는 인세가 주수입은 아니었다. "저서들과 인세를 일단 완전히 주님께 넘겨드리자 그때부터 책 매출이 극적으로 증가했습니다. 그 자체가 내가 보기엔 흥미로운 일이었고 마치 하나님이 이렇게 말씀하시는 것 같았습니다. '내 손에 올려놓아라. 그러면 수익금이 내가 관심을 갖고 있는 일들, 내 이해관계가 걸린 일들에 쓰이게 될 것이다.' 물론 나는 가족을 부양해야 했습니다. 아내는 직장 생활을 하지 않았고 가족은 아내가 일하기를 원하지 않았습니다. 나야 아무 일이나 해도 되지만 문제는 최저 임금 이상을 벌어서는 안 된다는 것이었습니다. 내가 무슨 일을 하든지 최저 임금을 벗어나는 수입에 대해서는 25퍼센트가 압류되도록 되어 있었습니다. 나는 낙태 시술소에 한 푼도 주고 싶지 않았습니다. 일이야 열심히 할 수 있지만 하루가 끝난 후 수입의 큰 부분이 낙태 시술소로 간다는 것은 생각할 수 없는 일이었습니다."

랜디는 선한 목자 교회의 목사직을 사임하고 '영원한 관점'(Eternal Perspective)이라는 사역 기관을 설립했다. 랜디는 말한다. "내가 집필 활동을 할 수 있도록 이 기관에서는 내게 의료보험이 포함된 최저 임금을 지불합니다. 그런데 하나님의 은혜로 내 저서들을 통하여 이 기관에 수백만 달러의 수입이 들어옵니다. 인간적으로 보면 이상한 구도이지만 아주 잘 돌아가고 있습니다."

랜디만 그런 반응을 보인 것은 아니다. "로스앤젤레스타임스"지도 러브조이 수술센터가 총 820만 달러의 벌금 중에서 아직 25만 달러밖에 받지 못했다고 보도했다. 이 판결은 10년이 유효 기한이 지나 다시 10년 더 연장되었다. 랜디는 20년을 기점으로 공소시효가 만료되기를 바라고 있지만, 그렇다고 재정적인 면에서 그의 선택이 달라질 것 같지는 않다. 첫 10년 기한이 만료되기 직전에 영원한 관점 이사회는—기한이 연장될 것을 모르는 상태에서—알콘 부부에게 책 인세를 받을 권한을 돌려주겠다고 제의했다. 알콘 부부는 그 제의에 대하여 의논하고 기도한 뒤에 사양했고, 그러고 나서 조금 있다가 기한이 연장되었음을 알게 되었다.

820만 달러 소송에 휘말린 일과 당뇨병 진단을 받은 일은 랜디의 영적 삶에 가장 큰 영향을 미친 경험 중 두 가지다. 이 두 사건은 "결국 성장의 밑거름이 되었을 뿐만 아니라 심지어 성장을 기뻐할 이유가 되었습니다"라고 랜디는 말한다. "물론 그 일들이 쉬웠다거나 쉽다는 말은 아닙니다. 그것은 쉽지 않았고 지금도 쉽지 않습니다. 하지만 하나님이 놀라운 방식들로 그 일들을 내 삶에 사용해 오셨음을 봅니다. 원래 나는 독립심이 매우 강하고 건강 상태도 좋았습니다. 우리 아버지는 선술집을 여러 개 소유하고 계셨는데, 누구보다도 독립적인 분이셨고 아주 튼튼한 강골이셨습니다. 나는 고등학교 때부터 그리스도를 믿기는 했지만, 내가 남에게 의존하기를 싫어하는 사람임을 목회를 하면서 깨달았습니다. 아마 나와 함께 일한 사람들도 나에 대해서 똑같이 느꼈을 것입니다. 물론 나는 예수님을 사랑하는 그리스도인이었고 하나님이 주시는 능력으로 일하려고 했습니다. 하지만 아침에 일어나서부터 하루 종일 목회 일을 다분히 내 힘으로 했고, 누구에게도 별로 의존할 필요가 없었습니다.

인슐린 의존성 당뇨병 환자가 되면서 갑자기 나는 하루에도 몇 번씩 피검사를 해야 했고 인슐린을 맞아야 했습니다. 혈당 수치가 내려가 몸과 머리가 제구실을 못할 때도 있습니다. 그래서 한때 건강하던 몸과 머리가 이제는 간혹 그렇지 못할 때가 있습니다. 알츠하이머 환자가 경험할 듯한 상태를 나도 일주일에 몇 번씩 경험합니다. 다만 차이가 있다면, 내 경우에는 오렌지주스를 조금 마시면 15분에서 20분 내로 상태가 좋아진다는 것뿐입니다. 머릿속이 온통 혼미하여 주변에서 벌어지는 일들이 정확히 인지되지 않던 순간들이 기억에 선합니다."

랜디는 사도 바울이 고린도후서 12:7-9에 한 말을 인용한다. "여러 계시를 받은 것이 지극히 크므로 너무 자만하지 않게 하시려고 내 육체에 가시 곧 사탄의 사자를 주셨으니 이는 나를 쳐서 너무 자만하지 않게 하려 하심이라. 이것이 내게서 떠나가게 하기 위하여 내가 세 번 주께 간구하였더니 나에게 이르시기를 '내 은혜가 네게 족하도다. 이는 내 능력이 약한 데서 온전하여짐이라' 하신지라. 그러므로 도리어 크게 기뻐함으로 나의 여러 약한 것들에 대하여 자랑하리니 이는 그리스도의 능력이 내게 머물게 하려 함이라."

랜디는 말한다. "나는 그렇게 좋아하던 목회를 그만두었습니다. 그러나 돌아보면, 지금 내가 하고 있는 이 일이 곧 하나님이 내 여생을 바쳐 하기 원하시는 일이었다는 확신이 듭니다. 목회 시절을 통하여 그분이 나를 글쓰기와 멘토 역할과 강연을 하도록 준비시키셨다고 믿습니다. 목회를 워낙 좋아했기 때문에 나 스스로는 평생 그 일을 그만두지 않았을 것입니다. 그분이 그만두게 하셨습니다.

여기 한 낙태 시술소가 있는데, 그곳 사람들은 아기들을 죽이는 일에 삶을 바친 사람들입니다. 그들이 소송을 걸었고, 그래서 법원에서 내게 압류 영장이 나왔고, 그래서 결국 나는 더 이상 목회를 할 수 없게 되었습니다. 하나님은 요셉의 형들을 사용하신 것처럼 그들을 사용하셨습니다. 요셉은 창세기 50:20에서 '당신들은 나를 해하려 하였으나 하나님은 그것을 선으로 바꾸사'라고 말했습니다.³⁾ 제 삶에 있었던 일도 정확히 그것이며, 그래서 정말 감사합니다. 아주 힘든 시간이었지만 다르게 바꾸고 싶지 않습니다."

> "하나님은 요셉의 형들을 사용하신 것처럼 그들을 사용하셨습니다. 요셉은 창세기 50:20에서 '당신들은 나를 해하려 하였으나 하나님은 그것을 선으로 바꾸사'라고 말했습니다. 우리의 삶에 있었던 일도 정확히 그것입니다."

예컨대, 랜디는 당시 열두 살과 열 살이던 두 딸 카리나와 앤젤라가 보여 준 용기를 보았다. 소송이 재판으로 넘어가기 직전에 러브조이 수술센터는 랜디에 대한 고소를 취하하겠다고 제의했다. 그런 제의를 받은 피고는 랜디뿐이었다. 알콘 집안은 가족 회의를 열어 그 제의에 대해 의논했다. 그때 카리나가 했던 말, 러브조이 수술센터는 아빠를 소송에서 빼고 싶을지 몰라도 아마 하나님은 아빠가 이 소송에 동참하기를 원하실 거라던 그 말을 랜디는 지금도 기억하고 있다. 랜디는 말한다. "내가 마음속으로 그렇다고 믿고 있으면서도 가족에게 차마 하지 못하던 말을 카리나가 해주었습니다. 물론 필요했다면 내가 직접 그렇게 말했을 것입니다. 그러나 은혜로우신 하나님은 열두 살 난 딸아이의 입으로 그 말을 하게 하셨고, 그러자 열 살 난 딸아이도 맞다고 맞장구를 쳤습니다. 동생도 언니와 생각이 같았던 것입니다. 낸시도 비록 이런 상황이 오지 않기를 바랐지만 역시 동의해 주었습니다." 랜디는 딸들에게 집을 잃을 수도 있고 학교를 떠나야 할지도 모른다고 상기시켜 주었다. 그래도 딸들이 이 길을 가려 할 것인가? 두 딸은 고개를 끄덕였다. "지금도 그 생각을 하면 눈물이 납니다."

랜디는 말한다. "지금까지도 우리 딸들은 그때 일을 말할 때마다 자기들이 성장했다고 느끼고 있습니다. 딸들은 기도했고 하나님이 기도에 응답하시는 것을 보았습니다. 딸들이 그 일을 겪지 않았다면 내 생각에 십중팔구는 지금처럼 그리스도께 온전히 드려진 숙녀들이 되지 못했을 것입니다."

:: **십일조와 보조 바퀴**

낙태를 반대하는 시위를 하다가 벌금형을 받은 덕분에 랜디는 이왕 하고 싶었던 일보다 더 많은 것을 할 수 있게 되었다. 생활비의 규모를 줄이고 하나님 나라에 훨씬 더 많은 돈을 드리게 된 것이다. 영원한 관점 사역 기관을 통하여 지금까지 알콘 부부가 전도, 낙태 반대 및 가정 옹호 운동, 기근 구호, 아동 후원 및 고아원 원조, 인신매매 반대 활동 등을 하고 있는 각종 사역 단체에 드린 돈은 무려 400만 달러가 넘는다.

랜디는 십일조가 율법주의라는 비난에 맞서 십일조를 옹호한다. 그러나 동시에 그는 일부 그리스도인들이 십일조를 출발점이 아니라 청지기적 삶의 최고선(最高善)으로 보는 데 대해서는 안타까움을 표한다. 그는 말한다. "흔히 사람들은 십일조란 특별한 희생과 헌신의 행위이므로 훌륭한 성도들만이 실제로 10퍼센트를 드릴 거라고 생각합니다. 사람들은 구약의 헌금과 신약의 헌금을 거론하는데, 가장 큰 착각 중 하나는 구약의 헌금은 십일조라는 의무적 헌금이고 신약의 헌금은 자원해서 드리는 자발적 헌금이라는 생각입니다. 하지만 자원해서 드리는 헌물은 구약에도 **가득합니다**."

"헌금을 한 푼도 하지 않으면서 십일조를 구약 시대에나 맞는 율법적인 일로 보는 사람들이 얼마나 많은지 모릅니다. 나는 그런 많은 사람들과 장시간 대화를 해보았습니다. 그들에게 십일조란 동물 제사를 드

> 랜디는 십일조가 율법주의라는 비난에 맞서 십일조를 옹호한다. 그러나 동시에 그는 일부 그리스도인들이 십일조를 출발점이 아니라 청지기적 삶의 최고선(最高善)으로 보는 데 대해서는 안타까움을 표한다.

5. 보물을 하늘에 쌓아 두라

리는 것과 같고 경건하지 못한 일입니다. 당연히 그들은 주변을 둘러보며, 십일조에 율법적으로 빠진 사람들이 있다고 말합니다. 십일조에 율법적으로 빠진 사람들이 물론 **있습니다**. 그거라면 나 역시 전적으로 반대합니다."

랜디는 하나님이 더 후히 드리는 삶을 원하시는 이유를 이렇게 설명한다. "내가 늘 사람들에게 하는 말이 있습니다. 10퍼센트라는 기준은 하나님이 구약 시대 이스라엘의 가장 가난한 사람들에게 요구하신 수준입니다. 그런데 지금 우리는 예수님의 은혜 아래 있고, 내주하시는 성령을 모시고 있으며, 엄청나게 풍요로운 문화 속에 살고 있습니다. 그런 우리에게 하나님이 기대하시는 바가 **그보다 적을** 것 같습니까? 하나님은 신약 시대의 사람들에게도 여전히 기대를 품고 계실까요? 물론입니다. 사실, 예수님의 메시지는 '이전에는 어떻다 하였다는 것을 너희가 들었으나 나는 너희에게 이르노니'입니다. 그러고 나서 그분이 매번 하신 일이 무엇입니까? 기준을 더 높이셨습니다."

"사도행전 2장과 4장에 명백히 나와 있듯이, 신약의 헌금은 너도나도 재산을 현금화하여 가난한 사람들에게 주는 것입니다. 10퍼센트보다 얼마나 더 많습니까? 그들은 기존의 재산을 팔아서 그 돈을 몽땅 다 드렸습니다. 소득의 100퍼센트가 아니라 재산의 100퍼센트를 드린 것입니다. 그들이 드린 액수를 요즘 돈으로 환산한다면 오늘날 많은 그리스도인들이 평생 드리는 액수와 맞먹을 것입니다. 그나마 그렇게 드리는 그리스도인들도 많지 않지만 말입니다."

랜디는 십일조를 그리스도인의 헌금의 보조 바퀴라고 즐겨 부른다. 그는 말한다. "보조 바퀴를 다는 취지는 실제로 안장에 올라앉아 자전거 타는 법을 배우게 하는 데 있습니다. 내 생각에 많은 그리스도인들에게 십일조는 아주 좋은 것일 수 있습니다. 훈련된 방법, 객관적이고 측정 가능한 방법으로 헌금의 길을 가게 한다는 점에서 그렇습니다. 하나님의 목표는 우리가 예수님의 은혜로 살아가는 것입니다. 신약 성경에서 헌금에 관한 가장 긴 본문인 고린도후서 8장과 9장을 보십시오. 그냥 그 본문을 공부하고 묵상해 보십시오. 이건 십일조와는 별개의 문제입니다. 우리가 정말 고린도후서 8장과 9장의 정신을 깨닫고 그대로 삶에 실천한다면, 십일조는 잊어버려도 좋습니다."

랜디의 집 사무실을 나서기 조금 전부터 우리의 화제는 말라기 3장, 특히 10절에서 하나님이 소산의 십일조를 드려 자신을 시험해 보라고 이스라엘 백성에게 도전하시는 부분으로 돌아갔다. "마치 하나님이 헌금에 아주 특별한 면이 있다고 말씀하시는 것 같습니다. 그분은 '간음하지 말라. 그것으로 나를 시험하여 보라. 간음을 멀리해 보고 내가 너희에게 복을 주지 않나 보라'고 말씀하지 않으십니다. 하나님은 그분의 명령들을 '효과가 있나 어디 한 번 해 보라'는 수준으로 격하시키지 않으십니다. 그런 그분이 유독 헌금에 대해서만은 '좋다, 그것으로 나를 시험하여 내가 너희에게 복을 주지 않나 보라'고 말씀하시는 것 같습니다."

"신약에도 그에 상응하는 말씀이 있습니다. 누가복음 6:38이 말라기 3:10과 아주 비슷한데, 거기 보면 예수님이 '주라, 그리하면 너희에게 줄 것이니 곧 후히 되어 누르고 흔들어 넘치도록 하여 너희에게 안겨 주리라'라고 말씀하십니다. 혹시 누가 '아, 말라기 3장, 그거야 구약이지.

구약에 한정된 거지'라고 말한다면, 그건 그렇지 않습니다. 누가복음 6장도 그와 아주 비슷합니다. '내가 너희에게 풍성히 공급하는 것을 보라.' 게다가 이것은 예수님의 말씀입니다. 호강하며 살던 다윗 왕이나 솔로몬 왕의 말이 아니라 머리 둘 곳조차 없으셨던 예수님의 말씀입니다. 그분은 몸에 걸친 옷 한 벌 외에는 거의 가지신 게 없으셨습니다. 그런 그분이 '너희가 줄 때 무슨 일이 벌어지는지 보기만 하라. 내 하늘 아버지께서 넘치도록 부어 주실 것이다'라고 말씀하십니다.

"그분이 '너희가 줄 때 무슨 일이 벌어지는지 보기만 하라. 내 하늘 아버지께서 넘치도록 부어 주실 것이다'라고 말씀하십니다."

말라기에 그 약속이 왜 있을까요? 내 생각에는 하나님이 자기 백성이 은혜의 삶, 자원하여 드리는 삶을 살기를 갈망하시기 때문입니다. 하나님은 또 그 삶이 얼마나 재미있고 그분이 그 삶에 얼마나 풍성하게 공급하시고 복 주시는지를 우리가 알기 원하십니다."

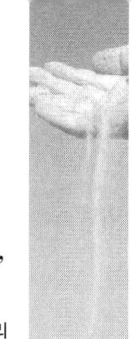

6. "못하겠다고 말하지 말라"

제럴드 재뉴어리

나는 시카고 순환도로에서 그 도시 남부에 있는 버논 파크 하나님의 교회(Vernon Park Church of God) 쪽으로 차를 몰았다. 제럴드 재뉴어리(Jerald January)를, 나는 제목이 인상적인 그의 회고록 『더러워도 타고 갈 것이냐 잘 차려입고 걸을 것이냐』(*A Messed-Up Ride or a Dressed-Up Walk*)[1]와 그 교회 웹사이트(www.vpcog.org)에 나와 있는 내용을 통해서만 알고 있었다. 인종 차별을 다반사로 당한 일, 사업 계약들이 파기된 일, 인종 간의 장벽을 넘어 기독교적 치유에 힘쓰려던 그의 꿈이 꺾인 일 등 가슴 아픈 사연들은 제럴드와 직접 대화하면서 들었다. 인고의 세월과 하나님의 신실하심에 대해서도 들었고, 십일조에 헌신한 덕분에 그의 교회가 현 위치에서 남쪽으로 25킬로미터쯤 떨어진 지점에 널따란 다목적 복합 종교 단지를 신축하기 직전이라는 말도 들었다.

제럴드의 삶에 비극은 일찍부터 찾아왔다. 그는 가정불화 중에 어머니가 총에 맞는 것을 보았다. 총소리를 듣고 부엌 바닥에 낭자한 어머니의 피를 본 일이 그의 기억에 남아 있다. 그는 말한다. "내가 살해된 어머니를 보았다는 것을 내가 열네 살쯤 될 때까지 아무도 몰랐습니다. 사람들은 우리 형제들에게 어머니가 교통사고로 죽었다고 말했지만 나는 그 사람이 어머니를 쏠 때 현장에 있었습니다. 아이인 내가 그걸 기억하리라고는 아무도 생각하지 못했습니다."

친가 쪽 조부모가 제럴드를 맡아 디트로이트 도심에서 키웠다. 그의 회고록 제목인 "더러워도 타고 가는 것이 잘 차려입고 걷는 것보다 낫다"는 할아버지의 말에서 따온 것이다. 그 책에 제럴드는 이렇게 썼다.

할아버지의 말이 이해가 되었다. 자존심을 내세우면 아무리 '잘 차려입고' 멋진 모습으로 걸어도 목적지에 제때에 도달하지 못하거나 아예 도달하지 못할 수도 있다. 어쩔 수 없이 싫은 상황에 처할 때도 있지만 때로는 그 상황이 오히려 우리를 목적지로 데려다준다는 것을 알아야 한다. '더러워도' 타고 가면 그나마 거기까지 갈 수는 있다.
하지만 간혹 잘 차려입고 걷는 게 더 나을 때도 있다. 로자 파크스(Rosa Parks, 1955년에 버스에서 백인에게 자리를 양보하지 않은 일로 유명한 미국의 민권 운동가—역주)가 우리 모두에게 보여 준 용기를 나는 잊을 수 없다. 몽고메리의 흑인들은 흑인을 인간 이하로 취급하던 제도에 동조하며 그냥 버스를 탈 수도 있었다. 하지만 그들은 하인, 블루칼라 일꾼, 전문직 등의 옷차림으로 꼬박 1년을 교회에 걸어다니는 쪽을 택했다. 그렇게 잘 차려입고 걸은 덕에 이 나라에 큰 선(善)이 이루어졌다.[2]

회고록에 있듯이, 제럴드는 디트로이트에서 자라나 미시간 주 빅 래피즈의 페리스 주립대학에 다녔고, 1970년대 말에 시카고에서 가정을 이루었으나 결혼 생활에 실패했고, 1985년에 재혼했고, 1990년대 초에는 덴버에서 가난한 청소년들을 돕는 일을 했다.

제럴드는 이렇게 말한다. "우리가 살던 디트로이트 집은 아주 아담했습니다. 할아버지와 할머니 그리고 아버지가 우리를 키우셨습니다. 우리는 가진 게 별로 없었습니다. 할아버지와 할머니는 기도하고 하나님을 신뢰하면 그분이 우리가 하고 싶은 일을 다 하게 해주신다고 믿으셨습니다. 할아버지는 초등학교밖에 다니지 못하셨습니다. 할아버지가 자란 동네에서 일부 남자아이들은 흑인이라는 이유로 초등학교 이상은 공부를 할 수 없었습니다. 할아버지가 어렸을 때 사람들은 '어이 깜둥이, 너한텐 교육이 더 이상 필요 없어'라고 말했다고 합니다. 할아버지는 늘 '내가 고등학교만 나왔어도 미국 대통령이 되었을 거다'라고 말씀하시곤 했습니다. 그만큼 할아버지는 지혜로운 분이셨습니다. 돌아가시는 날까지도 할아버지는 고등학교에 가지 못한 것을 한스러워하셨습니다."

제럴드는 그 정도로 심한 장애물에 부딪치지는 않았지만 그의 인생길에도 좌절된 꿈들이 쌓였다. 한 출판사가 그의 후속작인「재기의 기회」(A Second Time)를 출간하지 못하겠다고 거부하자 그는 출판사를 직접 차렸다.³⁾ 그 책에서 제럴드는 구약의 선지자 요나를 솔직히 말해서 편협한 사람이라는 식으로 썼다. 그는 이렇게 말한다. "그 책의 주제는 화해가 아닙니다. 그 책은 내가 '포커스 온 더 패밀리'(Focus on the Family) 방송에서 했던 설교를 풀어낸 것입니다. 나는 거기서 딱 한 번 설교한 적이 있는데, 제임스 돕슨이 교단 지도자들을 위하여 무슨 행사를 할 때였습니다. 나는 교회 내에 실재하는 흑백 간의 분열에 대해 말하고 싶었습니다. 그뿐이었습니다. 설교를 준비하면서 나는 요나가 다분히 편협한 사람임을 알게 되었습니다. 그뿐이었습니다. 그는 자기 조상들에게 벌어진 일을 보았고, 그래서 그 이방 민족이 하나님께 구원받는 걸 보느니 차라리 바다에서 죽으려 했습니다."

그 책 때문에 무산된 꿈이 또 있다. 제럴드는 기독교방송 CBN의 '700인 클럽'에 출연하여 책을 홍보했는데, 그 후속으로 같은 방송사에서 제럴드와 브룩클린 태버내클 교회의 짐 심발라(Jim Cymbala) 목사가 함께 강의하는 집회를 주최하려 했다. 그는 말한다. "그들은 나의 책과 짐 심발라의 책을 중심으로, 문화가 다른 사람들의 화합에 관한 집회를 기획했습니다. 연속 30일 동안 모든 프로그램에서 2회씩 집회에 대한 광고까지 내보냈습니다. 그래놓고는 다시 전화를 걸어 하는 말이, '700인 클럽 역사상 최초로 이번 집회에 참석하려는 사람이 없습니다. 흑인과 백인 간의 사랑에 대해 들으러 오겠다는 사람이 없습니다'라고 했습니다. 포스터는 정말 훌륭했습니다. 굉장한 예술 작품이었습니다. 하지만 그날을 고대하고 있던 내게 그들은 '관심을 보이는 사람이 없습니다. 사람들이 원하지 않습니다'라고 말하더군요."

제럴드가 경험한 가장 큰 좌절 가운데 하나는 그가 마음에 품었던 도시 블록 파티라는 순회 행사였다. 그는 말한다. "그것은 하나님이 주신 생각이었습니다. 탕자가 집에 돌아오면 살진 송아지를 잡고 큰 잔치를 연다는 그런 개념이죠. 전에 내가 자라던 곳에서는 1년에 두 번씩 동네의 길을 막아 놓고 블록 파티를 벌였습니다. 하지만 이번은 일반 대중이 무료로 참여할 수 있는 초대형 쇼 같은 것으로 누구나 참여할 수 있는 것이었습니다."

도시 블록 파티에서는 유명한 프로 풋볼 선수들과 농구 선수들, 배우들, 가수들이 한자리에 모여 대본을 가지고 쇼를 할 예정이었다. 제럴드와 파트너는 약 9만 3,000달러에 달하는 순회 비용을 대줄 후원 기업들도 이미 확보해 두었다. 그런데 사고가 터졌다. 제럴드는 이렇게 말한다. "불과 넉 주 만에 내 삶이 깡그리 무너져 내렸습니다. 그동안 준비해 온 모든 것이 깨끗이 물거품이 되고 말았습니다." 주요 후원 업체 하나가 대다수의 참여자가 흑인인 줄 몰랐다며 갑자기 행사에서 손을 떼 버린 것이다.

"그게 도대체 무슨 소리입니까?" 제리는 그때를 돌아보며 말했다. "프로 풋볼 선수의 83퍼센트가 흑인입니다. 우리는 사람들에게 최고의 운동 선수들과 함께 음식을 대접하려는 것이었습니다. 주님을 사랑한다는 사람들이 어찌 그럴 수 있습니까? 행사가 이미 임박했기 때문에 9만 3,000달러를 다시 모을 시간이 없었습니다. 모든 것이 벌써 예약되어 있었고 마침 그때는 크리스마스 시즌이었습니다. 결국 행사는 취소되었고 산더미 같은 빚만 남았습니다. 빚을 탕감해 준 사람들도 있었지만 그렇지 않은 사람들도 있었습니다."

아내 제라(Jerra)가 권하는 대로 제럴드는 한적한 기도원에 가서 기도에 집중했다. 제럴드는 말한다. "하나님은 아무 말씀도 없으셨습니다. 나는 성경을 읽고 기도했습니다. '한 말씀만 해주십시오. 제가 잘못한 게 무엇입니까? 왜 이런 일이 벌어졌습니까?' 그러나 아무런 응답도 없었습니다. 집으로 오는 길에 트럭에 기름을 넣으려고 잠시 멈추었을 때 성령의 속삭임이 들려왔습니다. '네가 나를 사랑하느냐?' 그것은 하나님의 음성일 수밖에 없었습니다. 나는 하나님에 대해

> "주님의 음성이 들려왔습니다. '못하겠다고 말하지 말아라.' 전에 나는 그분께 목사가 되는 것만은 절대로 못하겠다고 말했었습니다."

6. "못하겠다고 말하지 말라"

서도 생각조차 하지 않고 있었으니 말입니다. 나는 그저 어떻게 이 빚에서 헤어날까 하는 생각뿐이었습니다. 기름을 넣으면서 말했습니다. '예, 주님, 주님을 사랑합니다.' 아무런 반응도 없었습니다. 집으로 나가는 출구가 25킬로미터쯤 남은 지점에서 다시 주님의 음성이 들려왔습니다. '못하겠다고 말하지 말아라.' 전에 나는 그분께 목사가 되는 것만은 절대로 못하겠다고 말했었습니다."

:: "나는 여호수아입니다"

제럴드는 스무 살 때부터 설교를 했지만, 담임 목사들의 망가진 삶을 너무 많이 보았기 때문에 자신이 담임 목사가 된다는 생각은 늘 거부했다고 한다. 결국 하나님은 도시 블록 파티로 인한 재정 파탄을 통하여 제럴드를 버논 파크 하나님의 교회의 목사가 되는 쪽으로 인도하셨다.

그는 말한다. "이 교회에서 1년 반 동안 내게 세 번이나 연락을 했는데, 나는 내가 교회의 담임 목사가 되는 일은 죽었다 깨어나도 없을 거라고 말했습니다. 더구나 시카고 남부에 있는 교회의 담임 목사가 될 생각은 털끝만큼도 없었습니다. '주님, 그쪽으로는 싫습니다. 제가 살고 있는 곳은 콜로라도스프링스입니다.' 설사 이사를 한다 해도 당시 내게는 그리스도인 사업가로 구성된 어느 큰 기관에서 CFO와 CEO들의 멘토로 일해 달라는 제의가 들어와 있었습니다.

나는 목회할 마음이 정말 없었지만 하나님이 이곳에 나를 보내려 하신다는 것을 알았습니다. 하지만 교회 측에는 그런 말을 하지 않았습니다. 그들은 내게 청년 집회에서 말씀을 전해 달라고 부탁했습니다. 주님의 음성이 들려온 지 일주일 후인 1999년 봄이었습니다. 나는 담임 목사가 될 것은 아니지만, '가서 설교라도 하면 주님이 나를 좀 봐주시겠지'라고 생각했습니다. 와서 일요일 아침에 말씀을 전했습니다. 그때는 1부 예배밖에 없었고 교인은 200명쯤 되었습니다. 내게는 그저 평범한 예배였습니다. 내 설교가 특별히 좋았던 것도 아니고 예배가 특별히 좋았던 것도 아닙니다. 그런데 월요일부터 목요일까지 밤마다 말씀을 전하는데, 갈수록 사람들이 늘었습니다. 목요일에는 자리가 꽉 차서 사람들이 복도에 서 있었습니다. 한 재정위원은 그동안 이런 적이 없었다고 말했습니다. 아내가 내게 바짝 다가와 '하나님이 우리를 오게 하시려는 것 같아요'라고 말하더군요."

얼마 후에 제럴드는 임시 목사라는 조건으로 교회의 제의를 수락했다. "1년쯤 지나자 '좋아, 어쩌면 여기가 내가 있어야 할 자리인지도 모르겠군' 하는 생각이 들었습니다. 하지만 교회 측에 나를 담임 목사로 취임시키지는 못하게 했습니다. 나는 담임 목사였으나 취임 예배를 드리지 않고 그냥 1년 계약에 서명했습니다. 그들이 나를 좋아하지 않을 수도 있고 내가 그들을 좋아하지 않을 수도 있다고 생각했습니다. 나는 하나님을 사랑하지만, 이 일에 실패하는 사람들을 볼 만큼 보았습니다. 이 교회는 유명한 교회이긴 했지만 재정 상태가 건강하지는 못했습니다. 건물은 좋았지만 문제들이 있었습니다."

제럴드는 만일 1년 내로 교회가 350명쯤으로 성장하고 십일조와 헌금이 늘어나면 계속 그곳에 있겠다고 하나님과 협상을 했다고 한다. 교세가 커진다고 해서 자신의 사례비가 늘어나는 것은 아니었음을 그는 강조했다. 이듬해 2월까지 교회는 230명에서 300명쯤으로 성장했다. 그는 말한다. "교회는 더 건강해지고 있었고 주일 헌금이 2,000 내지 3,000달러 정도 늘었습니다. 일부 청구서를 지불할 수 있게 된 것입니다. 어떤 사람은 내게 왜 그런 식으로 했느냐고 묻습니다. 쿡 카운티 인구가 600만 명쯤 됩니다. 그중에 350명도 끌어모을 수 없다면 나는 이 일에 적임자가 아닙니다. 내게는 다른 기술들이 있으니 가서 다른 일을 하면 됩니다."

제럴드는 클로드와 애디 와이어트가 1955년에 차고에서 개척한 버논 파크 하나님의 교회의 2대 목사다. 제럴드는 "나는 여호수아입니다"라고 말했다.

:: 전환점이 된 십일조

교인들의 삶의 전환점은 제럴드가 수요일 저녁마다 "부(富)와의 바른 관계"라는 강좌를 가르치기 시작하면서 찾아왔다. "나는 성경이 돈에 대해서 정말 뭐라고 말하는지 교인들이 알기를 원했습니다. 교인들은 나에게 여태 이런 것은 들어보지 못했다며 이제야 분명히 알겠다고 말했습니다."

재정위원들은 제럴드에게 매주 헌금이 7,500달러에서 1만 1,000달러로 부쩍 늘었다고 알려주었다. "여태 십일조가 무엇인지 몰랐다고 쪽지에 써서 (헌금 바구니에) 함께 넣는 사람들도 있었고, 그동안 못했던 십일조라며 1년 전 것까지 전부 소급해서 내는 사람들도 있었습니다. 누구에게도 그러라고 한 적이 없는데도요. 정말이지 나는 헌금이 예배에서 큰 부분이 되어야 한다고 생각한 적이 없습니다." 현재 헌금 시간은 몇 분밖에 되지 않는다. 제럴드는 헌금 시간이 축도 바로 전이라 사람들이 설교가 마음에 거슬리면 헌금을 하지 않을 수도 있다고 우스갯소리를 한다.

버논 파크의 교인은 계속 늘어 현재 1,100명쯤 된다. 한동안 교회는 주일 3부 예배까지 드렸으나 제럴드는 그 스케줄에 너무 진이 빠져 2부로 줄였다고 한다. 이렇게 성장하다 보니 현재의 교회 시설로는 더 이상 감당하기 어렵겠다는 생각이 들었다. 제럴드는 "내 집을 지으라" 하시는 주님의 음성을 자신이 들었다고 믿고 있다.

"나는 '좋습니다, 주님, 교회를 새로 짓겠습니다' 하고 생각했습니다. 하지만 계속 공부하면서 그냥 교회만 지으라는 말씀이 아님을 느꼈습니다. '내 아버지 집에 거할 곳이 많도다'⁴⁾라고 하신 예수님의 말씀을 읽다가 교회만 아니라 노인 회관과 체육관까지 들어설 수 있는 12-13에이커 규모의 복합 단지 개념이 떠올랐습니다."

결국 한 교인이 일리노이 주 린우드에서 한 이주 농부의 유족 소유인 대지를 찾아냈다. 그 교인은 농가의 문을 두드려 자신을 소개한 뒤, 우리 교회가 다목적 복합 종교 단지를 지을 꿈이 있다고 설명했다. 당시 쿡 카운티의 땅값은 에이커 당 19만에서 50만 달러를 호가했는데 제럴드는 에이커 당 13만 5,000달러 정도의 땅이 나오기를 바라고 있었다. 그는 유족들이 버논 파크 교회에 땅을 팔 뜻이 있음을 그 집안의 변호사를 통해 들었다. 단, 농장 43에이커를 전부 다 사야 한다는 조건이 붙어 있었다.

제럴드는 말했다. "온전한 믿음을 요구하는 일이었습니다. 나는 하나님께 '좋습니다, 하나님, 우리는 십일조를 하는 교회입니다. 교인들이 헌금을 합니다. 게다가 우리는 교인들의 헌금에서 다시 십일조를 떼어 국내외의 다른 사역 기관들에 보내기까지 합니다. 하지만 우리는 큰 교회가 아닙니다. 작다고 하기에는 너무 크고, 크다고 하기에는 너무 작은 중간급 교회입니다'라고 아뢰었습니다."

교회 재정위원들이 그 가족들을 만났다. 처음에 제리는 땅값이 에이커 당 1만 8,000달러밖에 되지 않는다는 게 믿어지지 않았다. "위원들은 내게 '목사님, 정말 있을 수 없는 일입니다'라고 말했습니다. 함께 가보니 흥정은 없었습니다. 주인은 '교회 사람들이 오거든 땅을 이 값에 내놓으라'고만 했다는 것입니다. 나는 재정위원들에게 '에이커 당 1만 8,000달러라니요. 길 건너편에 있는 집값이 최저 40만 달러이고 더욱이 이 땅에는 에이커 당 집이 네 채씩 들어서 있는데요'라고 말했습니다. 정말 말도 안 되는 소리였습니다. '고속도로에서 반 블록밖에 떨어지지 않은 중심가의 노른자 땅 43에이커가 단돈 77만 달러라니요. 뭔가 잘못된 겁니다. 지미 호퍼(전설적인 노동운동 지도자—역주)가 이 밑에 묻혀 있지 않고서야 이럴 수가 있습니까.' 나는 그렇게 말했습니다. 내 믿음이 더 컸어야 하는데 그렇지 못했습니다."

계약을 마무리할 때 농부의 세 딸 중 막내가 울음을 터뜨렸다.

그녀가 자매들의 허락을 구한 후 부모의 사연을 들려주었다. 그들의 부모는 이주 소작농으로 이 나라에 왔다. 이 농부는 하나님께 자기 땅을 달라고 구하면서, 만일 하나님이 그 꿈을 이루어 주시면 '그 땅을 하나님의 영광을 위해서 쓰고 전 세계 사역 기관에 남몰래 십일조를 하겠습니다'라고 기도했다는 것이다. 제럴드는 말한다. "아무도 모르겠지만 그가 땅을 드린 것을 하나님은 자랑스러워하실 것입니다. 이 노인은 밭고

랑이 똑바르기로 린우드에서 유명했습니다. 비록 그에게 최신 농기구는 없었지만 그가 하나님을 얼마나 사랑하는지를 만인이 알았습니다. 그녀는 '아빠는 우리에게 이 땅에서 옥수수 밭 사이를 걸으며 기도하는 법을 가르치셨어요'라고 말했습니다."

제럴드는 이번의 땅 구입에서 처음에 생각했던 것보다 더 깊은 의미를 보고 있다. 농장 생활 초기에 흑인들은 쿡 카운티 남쪽의 그 지역에서 살 수 없었다. 그곳은 KKK단이 활동하던 영역이었다.

얼마 후 교회는 오랜 세월 그 농부의 절친한 친구였던 한 이웃에게서 같은 가격에 35에이커의 땅을 더 샀다. 결국 교회는 75에이커가 넘는 땅을 100만 달러를 조금 더 주고 구입한 셈이다.

버논 파크 빌리지로 불리게 될 이 단지에 대한 제럴드의 구상은 22에이커 규모의 교회와 사무실, 44에이커 규모의 주택과 특히 은퇴자 아파트로 이루어져 있다. 아울러 전면에는 주로 소매 상가가 배치되고 한쪽 모서리에는 은퇴한 사람들을 위한 고급 임대 주택이 들어설 예정이다.

제럴드는 교회가 새 지역의 어려운 사람들을 위한 사역을 잊지 않을 거라고 힘주어 말한다. "여기서 2킬로미터도 안 되는 거리에 일리노이 주에서 가장 가난한 동네인 포드 하이츠가 있습니다. 교회 선교부에서 이미 종합 프로그램을 짜는 중입니다. 식량 지원 프로그램만이 아니라 아이들을 위한 교육 프로그램도 있습니다. 우리는 이미 이 지역의 교육청과 만나고 있고, 어서 꿈이 실현될 날이 오기를 고대하고 있습니다. 여기서 500미터도 안 되는 곳에 이동 주택 차량들의 주차장이 있습니다."

제럴드는 십일조가 자신의 신앙 생활 전체를 지배하는 하나의 원리였으며 십일조를 하지 않았을 때는 고생이 뒤따랐다고 말한다. 그는 자신에게 십일조를 가르쳐 준 공을 할아버지와 할머니에게 돌린다. 그는 말한다. "두 분은 항상 교회에 나가셨습니다. 할머니는 침례교인이고 할아버지는 감리교인이셨습니다. 어느 쪽 교회를 가든 두 분은 헌금 바구니에 돈을 넣지 않고 그냥 보낸 적이 없으셨습니다. 우리에게도 25센트짜리 동전을 주면서 넣게 하셨는데, 그 동전 하나면 1센트짜리 사탕을 듬뿍 살 수 있었습니다. 하지만 우리에게는 헌금이 당연한 일이었습니다. 두 분은 늘 복을 받으셨습니다. 고등교육을 받으신 분들은 아니지만 늘 복을 받으셨습니다."

"왜 그랬는지 모르겠지만 나는 십일조를 나 편한 대로 하는 사람이었습니다. 매사가 술술 잘 풀리면 이번에는 십일조를 건너뛰어도 괜찮겠다고 여겼습니다. 그러다 집을 차압당했습니다. 내 잘못임을 알았기에 아내에게 사과해야 했습니다. 그 버릇이 어디서 왔는지 모르겠지만 20대 후반과 30대 초반에는 그렇게 살았고, 그러다 파산 신고에 이르기도 했습니다. 그러나 그날부터 오늘까지 모든 소유에 대해 십일조와 5퍼센트의 추가 헌금을 중단해 본 적이 없습니다. 정말 모든 소유에 대해서입니다. 그러기를 어언 21년이 되었는데, 실직을 했을 때에도 그러했고, 어디서 생긴 돈이건 모두 그렇게 했습니다. 늘 그렇게 하고 있습니다. 그동안 우리는 쪼들린 적도 없고 배를 곯은 적도 없습니다. 그 똑같은 책임이 우리 교회에도 있다고 믿기에 나는 교인들에게 그렇게 가르칩니다."

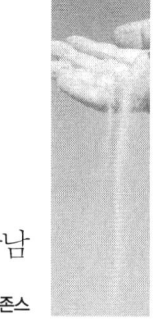

7. 깊은 기쁨과 깊은 갈망의 만남

케빈 존스

2002년 10월, 케빈 존스(Kevin Jones) 기자는 주류 개신교 교단들에 속한 보수 활동가들의 전국 총회인 "신앙 고백"에 관한 기사를 썼다. 그의 보도를 보면 그가 어느 편인지 확실히 알 수 있다. 그는 이들 보수파의 반대편에 서 있지만, 그들의 인내심에 대해서만은 마지못해 존경을 표했다. 그는 온라인 기사에 이렇게 썼다. "내가 본 바로 그들은 아주 복잡하고 교묘한 승부를 펼치고 있으며, 이길 때까지는 시간이 얼마든지 걸려도 좋다는 각오로 악착같이 끈기 있게 임하고 있다. 진보 진영은 과연 그 수준에서 승부하고 있는가? 우리는 그럴 의향이 있는가?"[1]

케빈과 그의 아내 로자 리 하든(Rosa Lee Harden) 목사는 한동안 성공회의 문화 전쟁에 몰두했다. 그들은 '에브리 보이스 네트워크'(Every Voice Network)라는 대중 웹사이트를 개설하여 창작 보도와 잦은 논설을 실었다. 2004년에는 기독교 신앙 입문으로 대중화된 알파 코스의 많은 기법(영상물을 본 뒤에 저녁식사를 하며 소그룹으로 토론하는 등)을 활용하여 '비아 미디어'(Via Media)라는 멀티미디어 커리큘럼을 개발했다. 그러나 비아 미디어의 신학은 상당히 달랐다. 알파 코스가 성공회의 복음주의적 카리스마 계열에서 나왔다면 비아 미디어는 자유주의 계열에서 나왔다.

케빈은 무시할 수 없고 심지어 다소 위협적인 존재였다. 그는 다년간 종교 뉴스와 경제 뉴스 기자를 넘나든 경험을 살려, 보수 활동가 단체들과 부유층 후원자들 사이의 커넥션을 입증하는 공문서들을 파헤쳤다. "성공회 제국주의: 세계 성공회의 자금줄 AAC(미국 성공회 협의회)", "근거가 빈약하고 시점이 수상쩍은 진 로빈슨(Gene Robinson) 논란", "보수파의 다음 단계 전략" 등 2003년 성공회 전국 총회 기간에 케빈이 쓴 몇몇 기사의 헤드라인을 보면 그가 얼마나 행복한 투사인지 알 수 있다.[2]

그러나 그 전국 총회에서 내 기억에 가장 남아 있는 것 중 하나는 기자단이 좌석을 배정받으려고 한 시간도 넘게 줄을 서서 기다리던 때였다. 성공회 주교로 선출된 진 로빈슨은 주교 승인 전에 자신의 게이 파트너에 대해 공개 발언을 했는데, 성공회 사상 최초로 그런 사람을 주교로 승인할 것인지를 놓고 주교단 회의가 시작되려던 참이었다. 기자들이 잡담으로 지루함을 달래며 줄을 서 있는데 케빈이 쭉 지나가며 공짜로 물을 한 병씩 돌렸다. 나도 하나 달라고 한 것이 그와 처음으로 말을 튼 계기가 되었다. 아주 사소한 일이었지만, 케빈이 행복한 투사 이상임을 엿볼 수 있는 기회였다.

케빈과 로자 리에게 둘 다 그런 면이 있음을 나는 2004년 5월에 좀더 확실히 보았다. 당시 나는 그들의 비아 미디어 커리큘럼에 대해 더 알아보려고 미시시피 주 잭슨에 갔다. 나는 커리큘럼의 사용자가 아니라 기자로서 참석했고, 출판사의 비전과 목표에 대해 인터뷰를 하고 싶었다. 온종일 계속된 교육이 끝난 후, 로자 리가 수중 치료를 받는 동안 케빈과 나는 호텔 수영장에서 잡담을 나누었다. 케빈과 로자 리는 다른 친구들과 함께 레드 핫 앤 블루 식당에서 식사를 하자고 나를 초대했는데, 그곳은 열혈 보수인 고(故) 리 앳워터가 초창기에 투자했던 바비큐 식당 체인점이다. 남부 사람들은 함께 바비큐를 먹으면 웬만한 갈등은 다 풀어진다. 그날 저녁 중 내 기억에 가장 남아 있는 것은 이것이다. 식사 후에 케빈과 로자 리 부부와 함께 차를 타고 호텔로 돌아갈 때였는데, 몇 군데를 우회하여 그들이 사랑의 집짓기(Habitat for Humanity) 잭슨 지부에 속하여 함께 지었던 집들을 지나쳤다.

사랑의 집짓기에 동참했던 일을 말하는 그들에게서는 그 일에 대한 애정이 묻어났다. 그들에게 그 시간은 집만 짓는 게 아니라 지역 사회의 장기적 변화에 대한 잭슨 지부의 비전을 넓히는 시간이기도 했다.

케빈은 이렇게 말한다. "사람들을 끌어들이려면 우리가 빈곤의 경제적 비용을 수치화하는 일을 더 잘해야 할지도 모릅니다. 로자 리가 사랑의 집짓기 잭슨 지부에서 한 일이 다분히 그것이었습니다. 사람들을 끌어들이는 것 말입니다. 우리는 그저 가난한 사람들의 집만 챙겨 주고 싶었던 게 아닙니다. 아내의 말마따나 집이 생기면 치안 유지비와 사회복지비용이 절감되고 재산세가 늘어나고 경제개발 지수가 높아집니다. 또 가난한 사람들에게 집이 생기면 고등학교 졸업 비율도 훨씬 높아집니다. 소심한 사람들이 선(善)을 실천하게 하는 방법을 찾아야 합니다. 이것은 계속되는 도전입니다."

> "소심한 사람들이 선(善)을 실천하게 하는 방법을 찾아야 합니다. 이것은 계속되는 도전입니다."

그 시절의 에브리 보이스 네트워크와 비아 미디어를 돌아보면, 한 가지 분명해지는 사실이 있다. 이미 그때부터 케빈은 성공회의 활발하지만 종종 제자리를 맴도는 토론에서 어느 한쪽

7. 깊은 기쁨과 깊은 갈망의 만남

을 지지하는 데 만족하지 않고 그 이상의 일을 하기 원했다. 그가 교회 갱신협회 취재를 맡았던 2002년에 이미 온라인상의 그의 약력에는 이런 문구가 들어 있었다. "현재 그는 기업과 자본주의의 역할을 보는 시각을 바꾸어 놓을 공동체의 설립을 추진 중이다. 새로 시작된 이 일에 대한 자세한 내용을 collectiveintelligence.net에서 볼 수 있다."[3]

나도 가끔 그 웹사이트에 들어가 보았으나 웹 전문 용어와 현대 경제 이론이 약간 과해 보였다. 케빈이 성공회 말라리아 프로젝트에 참여한 적이 있다는 기록을 보고 나는 언젠가 그에게 글을 보내, 그와 내가 함께 속한 성공회의 토론장에서 그의 목소리가 그립다고 말했다. 그것은 다분히, 가끔씩 싸움에서 선뜻 한 걸음 물러나 양쪽 모두의 세력 다툼을 꼬집던 그의 모습 때문이었다. 케빈은 답장에서 굿 캐피탈 유한책임회사(www.goodcapital.net) 일이 너무나 만족스럽기 때문에 교회 정치에 유혹을 느낄 겨를이 없다고 말했다.

나는 케빈에게 굿 캐피탈에 대해 더 말해 달라고 했고, 우리는 샌프란시스코에서 직접 만나 인터뷰를 하는 게 좋겠다는 데 생각이 일치했다. 케빈과 로자 리는 샌프란시스코 노밸리 지역에 있는 아담한 크기의 환경 친화적 아파트에 살고 있다. 굿 캐피탈 사무실이 걸어서 갈 만한 거리에 있고, 교인이 200명쯤 되는 로자 리의 홀리 이노센트(Holy Innocents) 교회도 마찬가지다.

:: 총체적 관점에서 본 베푸는 삶

케빈과 로자 리는 십일조를 하고 있으나 케빈의 생각에 십일조는 청지기적 삶의 목표로는 너무 빈약하다. 그는 이렇게 말한다. "나는 우리가 우리 자신의 자원에 책임을 져야 한다고 봅니다. 이것은 달란트 비유에 더 가깝습니다. 주어진 자원으로 우리는 무엇을 했습니까? 십일조는 의무처럼 느껴지지만 달란트 비유는 관계, 교류, 선물과 그 선물에 대한 보답처럼 느껴집니다. 그것이 내게는 더 의미 있게 와 닿습니다."

실리콘 밸리의 사업가인 케빈은 넷마켓 메이커스라는 회사를 수익금 1,800만 달러 규모로 키워 2000년 초에 3,000만 달러에 매각했다. 케빈은 굿 캐피탈의 3대 투자자로서 자신의 부를 굿 캐피탈에 얼마나 투자할 것인지에 대해서는 말하지 않았지만 이 회사가 10-12가지 사업에 건당 100만에서 300만 달러씩 분산 투자할 계획이라고 밝혔다. 굿 캐피탈은 또 '개인 고액 자산가들, 종교 자본, 재단들'로부터도 투자를 유치할 계획이라고 한다.[4]

> "나는 우리가 우리 자신의 자원에 책임을 져야 한다고 봅니다. 이것은 달란트 비유에 더 가깝습니다. 주어진 자원으로 우리는 무엇을 했습니까?"

케빈은 굿 캐피탈을 통하여 자선 사업의 전통적 접근에 도전하고 싶다고 한다. 그가 보기에 전통적 접근은 빈곤한 세상에 대한 반응으로는 불충분하고 인색하다. 앤드류 카네기(Andrew Carnegie)가 기고한 두 편의 "부(富)의 복음"이 1889년에 "노스 아메리칸 리뷰"(North American Review) 지에 처음 실렸는데, 케빈은 그것이 미국인들에게 시장이란 규제 없이 그냥 둘 때 가장 잘 돌아간다는 철학을 팔아먹었다고 본다. 그는 이렇게 말한다. "자선 사업은 완전히 알맹이가 빠져버렸습니다. 어느 재단이고 기금의 95퍼센트는 재테크 수단으로 쓰고 나머지 5퍼센트만 곁다리로 기부에 씁니다. 그것이 재단들의 실상입니다. 매년 자본의 5퍼센트만 자기네 제품이나 서비스 쪽으로 분배하면 되는 것이지요. 그런데 다행스럽게도 요즘에는 사명 지향적 투자라는 개념이 그런 관행을 대거 몰아내고 있습니다. 이런 새로운 투자를 일부 큰 재단들도 추진하고 있지만 F. B. 헤론 재단, 마이어 기념 신탁, 애니 E. 재단 같은 좀더 작은 재단들도 그 촉매제 역할을 하고 있습니다. 그들은 앞서 말한 95퍼센트 중에서 적어도 추가 2퍼센트를 사명에 투자하려 합니다."

그는 자선 사업 재단이 해마다 자본의 5퍼센트밖에 기부하지 않으면 '자선 사업은 우물 안 개구리가 되어 버린다'고 말한다. "그것은 돈을 이런 식으로 보는 것입니다. 즉, 우리에게 두 개의 주머니가 있는데, 우선 투자하는 주머니가 있고 베푸는 주머니는 아주 작습니다. 소위 외부 계정이라는 것이 그런 생각을 가능하게 만듭니다. 외부 계정에는 환경적 요소와 사회적 요소라는 두 가지가 있습니다. 지구 온난화가 환경을 손익계산서에 올려놓는 바람에 이제 환경은 더 이상 외부 계정이 아닙니다. 모든 기업체는 이미 환경 비용을 하나의 요인으로 계산하고 있습니다. 재보험 회사들은 보험 회사들에게 '이 기업체는 지구 온난화나 기타 기후 변화에 얼마나 노출되어 있는가?'를 따집니다. 그러나 안타깝게도 빈곤은 손익계산서에 들어 있지 않고, 따라서 아직도 외부 계정입니다. 월마트(Wal-Mart)가 직원들에게 의료보험 혜택을 주지 않고 그 비용을 외부 계정으로 만들어 정부에 떠넘기면, 그 회사의 수익은 극대화될지 모르지만 그렇다고 사회 비용이 없어지는 것은 아닙니다. 그 비용은 고스란히 사회의 몫이 되지만, 사회는 기업들이 그렇게 하도록 허용합니다."

굿 캐피탈은 또한 재단들이 기부금을 낼 때에만 사회적 선(善)을 생각하면 된다는 통념에도 반대한다. 케빈은 "로스앤젤레스타임스" 지에 실린 연재 기사를 인용했다. 신문의 표현에 따르면, 빌과 멀린다 게이츠(Bill & Melinda Gates) 재단은 "재단의 선행에 위배되는 투자를 통하여 해마다 막대한 재정적 이득을 얻고 있다."[5]

케빈은 말한다. "투자 논리는 철저히 이분법적입니다. 수탁자로서 자본을 키워야 할 법적인 책임이 있기 때문에 사명은 생각할 수 없다는 것입니다. 사명은 곁다리일 뿐입니다. 내 친구 제드 에머슨(스탠퍼드 경영대학원 강사)의 말마따나 그것은 주객이 전도된 것입니다. 그 연재 기사는 큰 반향을 불러일으켜, 기본적으로 '우리의 투자에도 게이츠 재단 같은 요소가 있는가?'를 묻게 합니다."

"내가 하고 싶은 말은 자선 사업이 아니라 우리와 우리의 자산 그리고 우리가 그것을 가지고 세상에서 하려는 일입니다. 현재 우리는 기부와 투자의 경계선에 해당하는 기금을 모으고 있습니다. 그냥 위험률과 수익률만 볼 게 아니라 위험률과 수익률 그리고 우리가 미칠 영향력을 함께 보아야 합니다. 이것은 더 깊은 차원의 청지기적 삶입니다. '내 돈이 이 세상에 그리고 사람들에게 무엇을 하고 있는가?'를 묻는다는 뜻입니다. 바로 그것이 우리의 책임이라고 생각합니다. 자선 사업 논리대로 하는 것은 낡고 케케묵은 문화적 틀을 따르는 것이고, 그 틀은 앤드류 카네기가 규정한 교리에 우리를 가두어 버립니다. 우리는 자본에 대한 현재의 신화들을 몰아내고 싶습니다. 우리는 그것이 마귀의 수작이라고 봅니다. 이제 바꿀 때가 되었습니다. 이 세상이 그것을 요구하고 있고 사람들이 그것을 요구하고 있습니다."

> "이것은 더 깊은 차원의 청지기적 삶입니다. '내 돈이 이 세상에 그리고 사람들에게 무엇을 하고 있는가?'를 묻는다는 뜻입니다."

7. 깊은 기쁨과 깊은 갈망의 만남

굿 캐피탈은 책임감 있는 투자의 정의를 공정 거래라는 좁은 범위로 제한할 마음이 없다. 공정 거래라는 개념은 너무 넓어져서 거의 무의미해졌다고 케빈은 말한다. "우리가 투자하려는 공정 거래 회사는 말단직에까지 최저 생활 임금을 지불하면서도 속속들이 무공해인 회사입니다. 아주 재미있게도, 공정 거래로는 프리미엄을 얻을 수 없습니다. 공정 거래라는 말은 편안한 슬리퍼 차림의 히피족, 그 딱한 무리에게나 통합니다. 즉, 그들이 편하게 걸치는 긴 겉옷을 공정 거래로 살 수 있다는 뜻입니다. 그나마 그중에는 더 이상 '공정 거래'라는 말을 쓰지 않는 사람들도 있습니다. 그들은 그 이상으로 나아가기를 원합니다. 이것을 가리켜 그들은 '환경 친화적 공급'이라고 하는데, 이것은 환경적으로 건전하고 사회적으로 건전한 것을 말합니다. 공예품과 민예품 같은 부문에서 사람들은 공정 거래 같은 구식 논리를 이미 벗어나기 시작했습니다. 커피의 경우, 공정 거래가 따지는 것은 '무공해 커피인가? 그늘에서 재배한 것인가? 공정한 거래인가?'입니다. 그거야 샘스 클럽(할인 체인점-역주)도 할 수 있는 일이고, 그래서 샘스 클럽은 그 방향으로 가고 있습니다."

케빈은 굿 캐피탈이 투자하려는 기업의 예로 에버그린 여관과 베터월드 서점을 꼽았다. 케빈은 에버그린 여관이 창업할 때부터 개인적으로 그곳에 투자했고, 굿 캐피탈은 베터월드 서점에 성장 자본을 최고 250만 달러까지 제공하겠다고 2008년 4월에 발표했다.

요세미티 국립공원 서쪽에 있는 에버그린 여관(www.evergreenlodge.com)은 아침식사를 제공하는 숙박업소인데, 위험한 상태의 청년들을 계절 인턴 사원으로 훈련하는 일도 하고 있다. 케빈은 말한다. "그들의 3분의 1은 갱생 시설에서 온 청년 남녀입니다. 그런 사람들을 채용하려면 대가가 따릅니다. 호텔이나 식당 일을 배울 만한 적임자들을 찾아야 하고, 사회복지사들이 직원으로 배치되어야 합니다. 생전 요세미티에 와 본 적이 없는 빈민가 출신의 청년들도 있습니다. 하지만 영향력은 엄청 납니다. 그들이 함께 일하는 대학생들은 빈민가 출신 아이들과 달리 늘 기회와 희망이 많았고, 그래서 그것이 변화를 불러일으킵니다. 또한 이곳과 협력 체제를 굳힌 여러 호텔로 그들의 재취업을 알선하기도 합니다. 그러려면 비용이 드는데, 경성 비용이 매년 30-40만 달러쯤 들고 연성 비용도 있습니다. '위험한 상태'란 말 그대로 그들에게 위험한 구석이 있다는 뜻입니다. 그들은 일하는 습관이 들어 있지 않으며, 긍정적인 목표를 가지고 남의 감독을 받는 상황에 있어 본 적이 없는 경우가 대부분입니다. 그래도 에버그린 여관은 그런 청년들을 12퍼센트나 채용하고 있습니다. 영리 목적의 사업체가 사회적 사명을 위하여 비용을 지출하는 것입니다."

베터월드 서점은 새 책과 중고 서적을 함께 파는데, 중고 서적의 많은 부분은 여러 대학과 도서관에서 온다. 이 서점의 온라인 매장(www.betterworldbooks.com) 맨 위에는 이 서점 덕분에 매립을 면한 책 권수와 이 서점이 전 세계의 문맹 퇴치에 기부한 금액이 누계로 표시된다. 베터월드는 보통우편부터 속달까지 통상적인 배송 방법을 제공하지만, Carbonfund.org를 통하여 탄소 중립(탄소를 배출한 만큼 다른 식의 투자로 상쇄하여 실질 배출량을 0으로 만드는 방법-역주) 배송을 실천하고 있다.

케빈은 베터월드 서점에 대하여 이렇게 말한다. "우리가 다른 기금이 아니라 이들을 택한 이유는 웬만한 투자자보다 더 많이 기부하려는 이들의 의지 때문입니다. 이들은 총수익에서 10퍼센트를 기부하려 했습니

7. 깊은 기쁨과 깊은 갈망의 만남

다. 우리는 그래서는 안 된다고 했습니다. 총수익에서 5퍼센트만 기부하고, 회사의 실적에 따라 주식의 5퍼센트를 비영리 문맹 퇴치 협력 단체들—Room to Read, Books for Africa 등—에 주면 된다고 했습니다. 우리 투자자들은 받을 수 있는 배당금의 5퍼센트를 포기하고 서점 측은 주식의 5퍼센트를 포기하고, 그러면 계약이 성사되는 것입니다. 실제로 우리는 그렇게 했습니다. 앞으로 우리는 온라인으로 팔린 덕에 매립되지 않은 책들의 중량, 탄소 중립 배송 덕에 상쇄된 탄소의 톤수, 그리고 문맹 퇴치 단체들에 전해진 책 권수를 해마다 보고할 것입니다."

:: 정의를 추구해 온 세월

케빈은 자신이 굿 캐피탈에서 하는 일의 영적 측면을 설명하면서, 평론가 겸 소설가인 프레드릭 뷰크너(Frederick Buechner)의 말을 인용하려 했다. 로자 리의 도움으로 그는 「통쾌한 희망 사전」(*Wishful Thinking: A Seeker's ABC*, 복있는사람 역간)에서 뷰크너가 내린 직업의 정의를 떠올렸다. "하나님이 당신을 부르시는 장소는 당신의 깊은 기쁨과 세상의 깊은 갈망이 만나는 곳이다."[6]

케빈은 말한다. "나는 일상 속에서 더 깊은 의미를 발견하고 있고 내 일상에는 영적인 차원이 있습니다. 우리는 투자하고 있는 회사들을 통하여 사람들의 삶에 영향력을 미치되 그 일을 전문가 수준의 실력으로 해내고 있습니다. 그 실력을 갖추는 데 내 인생의 35년이 걸렸습니다. 나는 사업가로서의 나만이 아니라 나 자신을 점점 더 이 삶에 쏟아붓고 있습니다. 이런 일들이 정말 어떤 의미가 있고, 우리가 왜 이렇게 하고 있으며, 왜 선행의 비용을 감당해야 하는지 이제는 말할 수 있습니다. 이것은 우리의 자본이 져야 하는 짐입니다.

자녀에게도 전과 다르게 말할 수 있습니다. 우리 아이들은 다분히 극좌 성향이며 계획 공동체에서 친환경 농업을 하고 있습니다. 내가 세상에 미치려는 영향력을 나는 우리 아이들에게 설득력 있게 말할 수 있습니다. 나에게 이것은 정말 중요합니다. 사업을 할 때는 그럴 수 없었습니다. 전통적 사업에서 나는 더 이상 아무런 만족도 얻지 못합니다. 사업을 할 줄이야 알지만 나에게 그것은 공허한 게임입니다. 이전의 사업에는 내 자신을 다 쏟아붓지 못했으나 지금 이 삶에는 내 자신을 다 쏟아부을 수 있습니다. 전에는 선행은 **여기서** 하고 사업은 **저기서** 했습니다. 전통적 사업을 할 때는 그런 단절된 칸막이 속에서 살아야 했습니다. 그러나 지금의 삶은 그것을 허물어 하나로 통합시켜 줍니다."

"나는 일상 속에서 더 깊은 의미를 발견하고 있고 내 일상에는 영적인 차원이 있습니다. 우리는 투자하고 있는 회사들을 통하여 사람들의 삶에 영향력을 미칩니다."

거의 한평생 동안 케빈은 가난한 사람들을 도울 길을 모색했다. 그는 말한다. "나는 1970년에 예수 운동을 통하여 그리스도인이 되었습니다. 그곳 사람들이 나더러 마음을 열라고 했을 때 나는 죽도록 두려웠습니다. 무슨 혈맹 이단 단체에라도 들어온 줄 알았습니다. 대학 시절에 나는 다른 회심자들과 함께 한 집에서 살았고, 가난한 사람들을 돕는 일을 하려고 남침례신학대학원에 진학했습니다. 그러나 내게 지역 사회 활동가가 될 기질이 없음을 발견했습니다."

그는 성공회 말라리아 프로젝트에서 일했으나 이 역시 그가 잘하는

7. 깊은 기쁨과 깊은 갈망의 만남

일은 정작 따로 있음을 배우는 계기가 되었다. 그는 말한다. "선의의 백인 사업가들이 모잠비크에 훌륭한 해법을 가지고 들어갔으나 막상 가 보니 우리가 배워야 할 게 아주 많았습니다. 정말 좋은 학습 기회였습니다. 변화가 천천히 조금씩 이루어지는 아프리카 극빈층의 현장에서 직접 봉사하기보다는 대외 홍보 역할이 나에게 훨씬 잘 맞는다는 것을 배웠습니다. 속전속결을 좋아하는 사업가가 지역 사회를 개발해 나가는 일에 적임일 리가 없었습니다. 나는 2년 동안 그 일을 해보았습니다. 좋은 시스템도 함께 만들었지만 그 일을 추진할 사람은 내가 아님을 깨달았습니다."

케빈은 자신에게 가난한 사람들을 도우려는 열정이 생긴 것은 자신이 노동자 계급 가정에서 자랐기 때문이라고 한다. 그는 이렇게 말한다. "우리 집안은 다 부유한 화이트칼라 가정인데 우리 집만 돈이 쪼들리는 블루칼라 가정이었습니다. 우리 아버지는 세탁기를 수리하는 일을 하셨습니다. 추수감사절이면 의사나 변호사인 삼촌들이 칠면조 고기를 썰었습니다. 우리는 식탁 저쪽 끝에서 그들이 원하지 않는 부위의 고기를 먹었습니다. 한번은 저녁식사 때 그들에게 그것을 지적한 적이 있었습니다. 그들은 우리 아버지와 어머니에게 세상이 다 잘 돌아가고 있으며 우리 자리는 계속 식탁 끝이라고 일러 주었습니다. 그 일을 통하여 나는 권력이나 돈을 가진 사람들에게 단순히 불의를 지적하는 것만으로는 그들이 달라지지 않는다는 것을 배웠습니다.

심지어 부탁도 해보았지만 기본 권력 구조는 바뀌지 않았습니다. 처음에 내 전략은 나도 식탁 머리에 앉는 사람이 되자는 것이었고, 그 방법을 대여섯 번 써 보았습니다. 하지만 몇 번 그렇게 한 뒤로 내 마음이 식탁 끝의 가난한 사람들에게 있음을 알게 되었습니다. 부와 권력을 얻는 것은 결코 해답이 아님을 나이 오십이 넘어서야 깨달았습니다. 이제 나는 권력과 돈에 대한 사람들의 사고방식, 자본 시장, 사업 등을 구조적으로 개혁하는 일에 내 삶을 바치고 싶습니다."

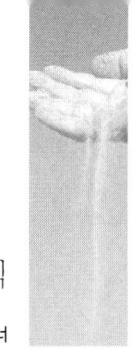

8. 공동체 의식

마크 켈너

동료 기자 마크 켈너(Mark Kellner)가 십일조에 관한 대화에 응해 주어, 우리는 메릴랜드 주 실버스프링 시내의 옥외 쇼핑몰에서 만나 태국 음식점으로 향했다. 9월 중순의 약간 쌀쌀한 토요일 밤이었다. 내가 2000년에 마크를 처음 만난 곳은 캘리포니아 주 뉴포트비치의 쇼핑몰 패션아일랜드에 있는 중국 음식점 P. F. 챙이었다. 마크와 내가 죽기 전에 또는 예수님이 재림하시기 전에 우연히 마지막으로 만나게 된다면, 그곳은 어느 모르는 도시의 몽골 바비큐 식당이 되지 않을까 싶다. 마크와 나는 둘 다 종교를 주제로 한 글쓰기를 유난히 좋아하는 기자라 서로 알게 되었다. 내가 이 책에 대한 얘기를 처음 꺼내던 순간부터 마크는 과거나 현재의 교회나 회사에 대해서는 말하지 않고 자기 자신에 대해서만 말하겠다고 못 박았고, 나는 잘 알았다고 했다.

종교를 두루 거친 그의 편력은 파격적이다 못해 유별나기까지 하다. 우선 간략히 살펴보면 어린 시절에는 유대교인이었다가 청소년기에는 하나님의 세계 교회에 다녔고, 그 후로 17년 동안 구세군 교인이었다가 지금은 10년 넘게 안식일 교회에 속해 있다. 종교에 대한 그의 관심은 단순히 기자 근성 때문만은 아니다. 그가 선택하여 바꾸었던 대부분의 교회는 교인들에게 적잖은 헌신을 요구했고, 그는—노먼 빈센트 필의 '긍정적 사고방식의 복음'의 본산인 마블 협동 교회에서 3년간 쉰 것을 제외하고는—그 교회들에 헌신했다.

마크는 이렇게 말한다. "헌신을 약속하고 그대로 지키는 사람들을 보면 흥미롭습니다. 그 헌신이 문화를 거스르는 것일 때와 큰 희생이 따르는 것일 때는 더욱 그렇습니다." 부연 설명으로 마크는 암탉과 돼지가 자신들을 희생하여 농부에게 달걀과 베이컨을 아침식사로 내놓지만 그 희생에도 차이가 있다는 우스갯소리를 들려주었다. 결정적으로 돼지가 암탉을 보며 "너는 알만 바치지만 나는 온몸을 바친다"고 했다는 말을 당신도 혹 들어 보았을 것이다.

> "헌신을 약속하고 그대로 지키는 사람들을 보면 흥미롭습니다. 그 헌신이 문화를 거스르는 것일 때와 큰 희생이 따르는 것일 때는 더욱 그렇습니다."

:: **개종의 뜻이 꺾이다**

'뉴욕 퀸즈의 착실한 유태인 소년이 어떻게 이런 교회에 다니게 되었을까?' 마크가 이 문장을 대한다면 그냥 웃어넘길지도 모르겠다. 긴 이야기지만 중요한 대목들만 짚어 보면 다음과 같다.

마크는 이렇게 말한다. "아주 어려서부터 나는 메시아가 누구인지 알았습니다. 하루는 학교를 빼먹고 놀고 있는데 텔레비전에 빌리 그레이엄이 나왔습니다. 아무런 경고도 없었고, 화면 밑에 '경고! 유태인은 시청할 필요가 없음!'이라는 자막도 뜨지 않았습니다. 그래서 그 프로그램을 보았지요. 빌리 그레이엄의 말이 이해가 되면서 정말 맞다 싶었습니다. 그때는 열세 번째 생일이 얼마 남지 않았을 때였습니다. 집에 돌아온 가족에게 '난 이제 그리스도인이에요' 했더니 다들 말도 안 되는 소리라고 일축해 버렸습니다. 13세가 되면 바르 미츠바라는 성인식을 통해 성인 교인으로 견진을 받는 것이 유대교의 전통입니다. 부모님은 이미 그 행사에 수천 달러를 들이셨는데 당시로서는 아주 큰돈이었습니다. 당시에 두 분은 나의 기독교를 근본적으로 억압하셨고, 나도 그냥 따라갔습니다. 머릿속 한 구석에 분명히 뭔가 걸려 있기는 했지만 그때만 해도 나는 쉽게 변하는 편이었습니다."

1975년에 마크는 허버트 W. 암스트롱(Herbert W. Armstrong)이 설립한 하나님의 세계 교회(Worldwide Church of God)에 들어갔다.[1] 당시에 하나님의 세계 교회―마크는 그냥 세계 교회라고 부른다―는 십일조의 몇 곱씩을 냈고, 그래서 의무화된 10퍼센트는 차라리 아이들 장난처럼 보였다. 마크는 말한다. "세계 교회는 십일조를 매우 강하게 요구했습니다. 총수입에서 10퍼센트를 떼는 1차 십일조는 패서디나에 있는 본부로 보내졌습니다. 2차 십일조는 교인이 보관하도록 되어 있었고, 세례 교인은 3년에 한 번씩 3차 십일조를 하는데 그것도 본부로 갔습니다. 3차 십일조는 명목상으로는 교회 안에 있는 고아와 과부들을 돕기 위한 것이었습니다. 하지만 허버트 암스트롱을 비판한 사람들에 따르면, 실제로는 과부와 고아 중에 그루먼 걸프스트립 II라는 제트기도 있었고, 일부는 내가 세계 교회에 다니던 때에 축출된 가너 테드 암스트롱(허버트 암스트롱의 아들―역주)의 젊은 여자 친구들일 수도 있었습니다."

세계 교회는 교인들에게 2차 십일조를 어떻게 쓸 것인지를 권고했는

8. 공동체 의식

데 마크는 그 부분이 참 좋았다고 한다. "2차 십일조는 꽤 기발한 제도였습니다. 물론 모두 레위기에 온 것이었습니다. 교회는 해마다 초막절이라는 캠프를 열었는데, 2차 십일조의 취지는 거기에 필요한 각자의 비용을 부담하는 것이었습니다. 기간은 열흘이었고 대개 무슨 리조트 지역에서 열렸습니다. 우리는 그동안 모아 둔 돈으로 집을 떠나서 실컷 즐겼습니다. 그렇다고 방탕하게 흥청거린 것은 아니고 그냥 나가서 좋은 시간을 보냈습니다. 천국 맛보기라고 했는데, 지금 생각해도 마음에 듭니다."

그러나 2차 십일조 외에 세계 교회 교인들이 내는 대부분의 헌금은 본부 사역을 지원하는 데는 물론이고, 설립자가 좋아한다고 소문이 자자했던 사치스러운 생활을 지원하는 데 쓰였다. 마크는 말한다. "당연히 무언의 압력이 있었습니다. 예를 들어, 뻔히 절기를 준비하고 있는 우리에게 교회 소유의 회관이며 캠프장이며 모임 장소를 유지하기 위한 용도로 **십일조의 십일조**를 보내라는 눈치를 주었습니다. 그들에게 교회 건물은 없었지만 지역별로 모이는 장소가 있었습니다. 그래서 비교적 건강한 절기 헌금에서마저 일부를 보내야 한다는 부담 같은 게 있었습니다. 만물의 종말이 눈앞에 다가왔는데 치아는 뭐하러 교정하느냐, 그냥 사역에 돈을 드려라, 그것이 암스트롱의 관점이었습니다."

돌아보면 마크는 십일조에 대한 세계 교회의 의식이 평균을 웃돌았던 데에는 반감이 없다. 마크는 말한다. "당시 나는 아직 십대 아이였습니다. 허버트 암스트롱은 1,000만 달러를 들여 패서디나에 서부에서 최고 중의 하나로 꼽히는 앰배서더 강당을 지었습니다. 그 속에 내 돈도 20달러가 들어 있지만, 지나고 나서 보면 그것은 큰돈은 아니었습니다."

마크가 세계 교회를 떠난 것은 그 교회가 십일조를 엄격히 요구했기 때문이라기보다 허버트 암스트롱이 자기 가족과 아랫사람들을 아주 형편없이 대하는 모습에 환멸을 느꼈기 때문이다. "막판에 나를 괴롭힌 문제도 그것이었고, 십일조 현황이나 교회 재정과 관련된 상황을 볼 때마다 늘 나를 괴롭히던 문제도 그것이었습니다. 자기 자신은 잘도 챙기면서 아랫사람들은 함부로 대하는 것이 싫었습니다. 허버트는 자기 자식들까지도 포함해서 거의 모든 사람을 그렇게 대했습니다."

마크는 마블 협동 교회에서 보낸 시간에 대해서는 말을 아꼈다. 다만 그 교회가 청지기적 삶을 가르친 방식에 대해서 찬사를 보냈다. "해마다 가을에 그 교회가 한 일이 하나 있는데 그것은 내게 깊은 인상을 남겼습니다. 더 많은 교회가 그렇게 했으면 좋겠습니다.

몇 주간에 걸쳐 주일 아침에 사람들이 앞으로 나와 자신이 십일조에 헌신한 일과 그로 인해 찾아온 변화를 간증했습니다."

구세군에 대해서도 마크는 별 말이 없었으나 구세군의 찬송가와 신학은 그에게 지울 수 없는 깊은 인상을 남겼다. "구세군 내의 싸움은 간단히 말해서, 그들이 주로 또는 다분히 사회 봉사 기관으로 남을 것이냐 아니면 복음주의적 뿌리를 고수할 것이냐 하는 문제입니다. 구세군을 설립한 윌리엄 부스(William Booth)는 전도에 굉장히 관심이 많았고, 사회 봉사는 사람들에게 복음을 전하는 한 방편으로 파생된 것입니다. 단지 여기저기 다니면서 선행을 하고 화재 현

> "해마다 가을에 마블 협동 교회가 한 일이 하나 있는데 그것이 내게 깊은 인상을 남겼습니다. 더 많은 교회가 그렇게 했으면 좋겠습니다. 몇 주간에 걸쳐 주일 아침에 사람들이 앞으로 나와 자신이 십일조에 헌신한 일과 그로 인해 찾아온 변화를 간증했습니다."

장에 구호 차량을 급파하는 것이 취지가 아니었습니다. 구세군의 취지는 사람들을 그리스도께 인도하는 것이었습니다."

마크는 마블 협동 교회와 구세군에 다니던 시절에는 자신의 십일조가 덜 꾸준했다고 했다. "구세군에는 멋진 합창곡이 종류별로 많습니다. 그중에 이런 노래도 있습니다. '난 율법 아래 있지 않고 은혜 아래 있네/ 은혜가 날 구원했네/ 은혜가 날 자유롭게 했네/ 구하던 피난처 이제야 찾았네/ 난 율법 아래 있지 않고 은혜 아래 있네.' 예산이 빠듯할 때면 나는 그 노래에서 위안을 얻곤 했습니다. 아울러 그 노래와 짝을 이루는 구세군의 이런 합창곡도 내게 위안이 되었습니다. '은혜가 내 모든 빚 갚아 주고/ 보혈이 내 모든 죄 씻어 주네/ 날마다 날 정결케 하는 능력/ 나에게 주시네.'"

:: **안식일 교회의 교인이 되다**

마크가 안식일 교회에 끌린 것은 구세군에서 그들 부부의 삶이 답보 상태에 이르렀을 때였다고 한다. "하루는 라디오를 듣고 있는데 어떤 사람이 연속 공개 강좌를 한다는 광고가 나왔습니다. 마침 나는 그 사람이 안식일 교회 소속임을 알고 있었고, 아내가 안식일 교회를 별로 좋아하지 않는다는 것도 알고 있었습니다. 아내를 강좌에 데려가려고 나는 여느 자존심 있는 남편이 비슷한 상황에서 할 만한 일을 했습니다. 진실을 절반만 말한 것입니다. 나는 '여보, 어떤 사람이 성서고고학, 피라미드, 바로들에 대해 강의를 한다는군' 하고 말했습니다. 강좌가 그런 내용인 것은 **맞았습니다**. 아내가 가 보자고 해서 우리는 계속 갔습니다. 우리는 제7일 안식일 예수재림교회의 메시지를 받아들였습니다. 나는 1999년 4월에 안식교 교인으로 세례를 받았고 아내도 몇 주 후에 세례를 받았습니다."

마크는 코미디언 재키 메이슨 같은 말솜씨로 자주 사족을 달지만, 그의 신앙만은 진지하다. 그는 토요일을 안식일로 지키고 교인들에게 채식을 권하는 자신의 교회에 헌신되어 있다. 그 교회는 또한 십일조에 대해 다음과 같이 가르친다. "이 땅에서 진행되는 하나님의 일을 자기 백성이 십일조와 자원 헌금을 통하여 지원하는 것이 하나님의 계획이다. 십일조는 안식일 교회가 온 세상에 복음을 온전히 전하는 데 필요한 자금의 주요 공급원이다."[2]

물론 안식일 교회가 십일조에 대해서 하는 말은 그보다 훨씬 많다. 이 교단의 "십일조 활용 지침"에 보면 안식일 교회 지도자들이 십일조를 어디에서 거두어[소속된 지리적 지구(地區) 내에서만 거둘 수 있다] 어떻게 분배해야 하는지를 1,600단어 이상으로 엄격하게 규정해 놓았다.[3]

마크는 성경이 십일조를 반드시 요구하는지에 대해서는 의문이 있지만, 교회를 지원하는 일의 중요성에 대한 자기 교단의 가르침을 믿는다. 헌금에 대해서 말할 때 그는 **십일조를 돌려드린다**는 안식교의 표현을 쓴다. 그는 말한다. "우리 교단에서는 '십일조를 돌려드린다'고 말합니다. '땅과 거기 충만한 것이 주의 것임이라'[4] 하신 성경 말씀을 믿기 때문입니다. 만물이 그분의 것이고 모든 산의 소떼가 그분의 소유라면 소떼는 내 것이 아니고 내가 받아서

> "우리 교단에서는 '십일조를 돌려드린다'고 말합니다. '땅과 거기 충만한 것이 주의 것임이라' 하신 성경 말씀을 믿기 때문입니다."

8. 공동체 의식

쓰는 것일 뿐입니다. 나는 하나님이 주신 것을 그분께 돌려드립니다."

그래서 마크는 십일조를 돌려드린다. "교회의 입장을 지지하고 고수하는 것이 내게는 전혀 어렵지 않습니다. 물론 성경과 역사 속에는 의문을 자아내는 부분들도 있습니다. 십일조는 본래 농산물에 대한 것이었고, 내가 아는 한 돈에 대한 십일조는 성경에 언급되어 있지 않습니다. 하지만 그것이 약간 암시되어 있거나 뭔가 **추론할** 수 있는 성경 구절들은 있습니다. 예컨대 바울은 매주 첫날에 연보를 떼어 두라고 말합니다.⁹ 그런데 바울은 바리새인의 훈련을 받아 틀림없이 십일조의 관습을 잘 알았을 텐데도 '매주 첫날에 십일조를 준비해 두라'고는 말하지 않았습니다. 그렇다면 그것은 특별 헌금이었을까요? 뭔가 다른 것이었을까요? 연보는 원래 돈을 드리는 것이고 십일조는 농산물을 드리는 것일까요? 솔직히, 우리 교단 사람들이 듣는 여러 가지 비난 중 하나는 우리가 율법주의적이라는 것입니다. 하지만 나는 우리 교단 내의 알짜배기 그리스도인들이 율법주의자라고는 결코 생각하지 않습니다. 내가 부족하게나마 안식일을 지키든 혹은 그렇지 못하든, 나는 천국에 가려고 안식일을 지키는 게 아니라 사랑으로 지킵니다. 십계명의 제4계명을 정말 글자 그대로 읽기 때문에 지키는 것입니다."

:: 그리스도의 몸 된 교회에 속하다

마크가 십일조를 긍정하는 이유가 또 있다. 십일조는 자신이 그리스도인들의 더 큰 몸, 개인적 만족이 아닌 더 큰 목적에 속해 있다는 소속감을 주기 때문이다.

그는 말한다. "공동체는 중요하며, 내가 믿기로 교회에 나가는 것도 중요합니다. 그럼 그것이 십일조에는 어떻게 적용될까요? 나는 안식일 교회와 구세군에서 그것을 절실히 경험했습니다. 그런 성격의 교단에 속해 있으면 어떤 의미에서 나는 국제적 공동체의 일원입니다. 구세군의 경우가 특히 그런데, 한번은 내가 구세군 교인으로 일본에 간 적이 있습니다. 타이완의 헹춘에 지진이 일어난 뒤 고베에 갔는데 우리는 아주 작은 구세군 건물 안에 있었습니다. 일본인 구세군 장교들과 나 그리고 미국에서 온 사람들이 있었습니다. 우리는 다같이 한 탁자에 둘러앉아 같은 찬송을 불렀습니다. 그들은 일본어로 불렀고 우리는 영어로 불렀습니다. 그 자리에 공동체 의식이 있었습니다.

안식일 교회에 와서는 케냐 나이로비에 갔었는데, 나이로비 대학교 강당을 빌려서 모인 1,000명 가운데 백인은 달랑 나 하나뿐이었습니다. 그들은 주로 스와힐리어로 찬송을 불렀습니다. 앞에 찬송가가 비치되어 있어 나도 스와힐리어로 부르려 했습니다. 리투아니아의 카우나스에 갔을 때는 모두가 잭 헤이포드의 '영광의 주님 찬양하세'를 부르는데, 그들은 리투아니아어로 부르고 나는 영어로 불렀습니다. 그럴 때면 평소에 느끼기 힘든, 더 큰 교제권의 일원임을 느끼게 됩니다. 십일조도 그와 비슷합니다. 지역 교회의 일원이 되어 헌금을 드리면 그것이 교구, 노회, 전국을 넘어 전 세계의 차원에까지 이르는데―우리 교단에서는 십일조로 들어온 돈은 위로 올라갑니다―이것은 엄청난 연결 고리입니다."

교인들에게 자신이 공동체에 속해 있음을 알려주고 그 공동체에 남아 있도록 격려하려면, 소통을 느끼게 해주는 것이 중요하다. 마크는 말한다. "그간 수많은 사람들이 우리 교회에 왔고, 그것은 감사한 일입니다. 하지만 더러는 그냥 떨어져나가는 사람도 있습니다. 그들이 제대로 양육을 받지 못했거나 소속감을 느끼지 못했기 때문입니다. 그래서 나는 소통이 중요하다고 믿습니다.

안식일 교회의 교인이 되기로 결단할 거라면, 꽤 열성파가 되어야 합니다. 자신의 삶을 그렇게 재조정할 거라면, 그 헌신이 오래가는 것이 좋습니다. 떠나겠다는 사람이 있으면 나는 행운을 빌어 주고, 돌아와 다시 생각해 보도록 기도해 줍니다. 하지만 사람들을 가둘 생각은 없습니다. 나는 사람들이 자기가 하는 일로 행복했으면 좋겠고 교제권의 일원이 되어서도 행복했으면 좋겠습니다. 그래야 소통이 이루어집니다. 매주 교회에 나가는 것, 내 집이나 익숙한 공간이 아닌 건물에 가는 것, 다른 사람들과 함께 모이는 것, 거기에는 그만한 가치가 있다고 봅니다. 성경에 보면 모이기를 폐하지 말라고 했습니다.[6] 자신이 속한 교회나 공동체나 신앙 그룹 안에서 행복하다면, 거기를 떠날 사람은 별로 없습니다."

마크가 보기에 십일조는 서로 간에 그리고 하나님과의 사이에 더 깊은 소통을 가꾸는 길이자 또한 그 소통을 표현하는 길이다. 그는 말한다. "십일조는 다른 식으로는 얻기 힘든 연대감을 길러 줍니다. 그런 사고방식을 품고 그렇게 이어져 있으면, 확신컨대 하나님이 더 쉽게 은혜를 베푸실 수 있고 우리가 그것을 알아볼 수 있습니다. 탈무드처럼 말해 보자면, 엄격히 말해서 우리의 삶은 매 순간이 하나님의 놀라운 선물입니다. 나만 하더라도 오래 전에 이미 죽었어야 할 일이 한두 번이 아님을 경험을 통해 알고 있습니다. 하나님은 때가 될 때까지 나를 살려 두기로 하셨습니다. 하나님이 주신 사명을 완수할 때까지는 우리가 불멸의 존재라는 말을 들은 적이 있습니다.

물론 일요일 아침에 텔레비전을 켜면 거기에도 교회가 있고, 옆자리에 코를 고는 사람만 없다뿐이지 교회 예배의 거의 모든 요소가 갖추어져 있습니다. 사정상 그렇게밖에 예배 드릴 수 없는 사람들에게는 어쩔 수 없겠지요. 헌금도 텔레비전의 설교자에게 보내면 되고, 그것도 다 괜찮습니다. 하지만 그런 불모의 상태, 불통의 상태는 문제가 많습니다. 벽을 허물고 공동체의 일원이 되는 게 더 낫습니다. 정보기술 산업에 비유해서 말하자면, 데이터를 전부 단절시켜 놓으면 불통이 됩니다. 지금은 모든 벽을 허물고 모든 정보를 교류하는 것이 대세입니다. 사람들을 자기만의 좁은 세계에서 나와 공동체에 들어가게 하면 거기서 기적이 일어납니다."

> "사람들을 자기만의 좁은 세계에서 나와 공동체에 들어가게 하면 거기서 기적이 일어납니다."

8. 공동체 의식

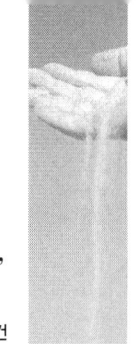

9. "늘 주시는 것이 하나님의 속성이다"

에드 베이컨

1990년대 중반에 나는 성공회 내의 어느 보수 활동가 그룹에서 일했는데, 그 일환으로 교구 예배·음악 위원회(ADLMC)의 연례 총회를 보도하게 되었다. 이 연례 총회에서 한 가지 특이했던 것은 J. 에드윈 베이컨 주니어(J. Edwin Bacon Jr.) 신부의 메시지를 처음 들은 일이다. 패서디나의 올 세인츠 성공회 교회(All Saints Episcopal Church)는 성공회 내에서 가장 유명한 자유주의 교회 중 하나인데 에드는 그 교회에 부임한 지 얼마 되지 않은 신임 신부였다.

에드의 연설에서 가장 기억에 남는 부분은 예배나 음악과는 별 상관이 없었다. 그보다 그는 자신의 교회가 교인들에게 베푸는 삶을 요구한다고 말했다. 에드는 새 교인들을 자기 집에서 대접하면서 COLORS(인종차별을 극복하는 사랑의 기독교), GAIA(세계 종교간 에이즈 연맹), 저소득층 어린이와 청소년을 돕는 '농구와 독서의 밤' 등 교회의 수많은 봉사 모임 중 하나에 참여할 것을 촉구한다고 했다.

거의 사족처럼 그는 올 세인츠 교회가 교인들에게 십일조를 권한다는 말도 했다. 에드의 연설은 나를 놀라게 했다. 이 총회에 대한 내 선입

견과 통상적 의제들로 미루어 나는 이번에도 그들이 따분한 정치적 발언이나 하면서 혹 새로운 예배 방식들을 잔뜩 과시하겠거니 했던 것이다. 에드의 연설은 내 허를 찔렀다. 이런 생각이 들었다. '자유주의 교회가 교인들의 영혼과 시간을 요구하는 복음을 전하고 있구나. 주일 아침에 교회에 나가는 것만으로는 교인이 큰 칭찬을 듣지 못할 교회로구나.'

연설이 끝난 뒤에 나는 앞으로 나가 에드에게 감사를 표했다. 그 뒤로 10년이 넘도록 에드를 만나는 일은 내게 늘 즐거움을 준다. 우리는 같은 교단에 속해 있지만 정치적, 신학적 입장은 대부분 서로 반대다. 하지만 어떤 문제들이 중요한가에 대한 인식만은 똑같다. 교회 내에서 오랫동안 활동가로 일하다 보면, 내 단골 문제들의 반대편 사람들과 친해지든지 아니면 피하여 친구가 되지 않든지 하게 된다. 에드 베이컨을 친구로 두면 삶이 더욱 풍요로워진다.

에드가 십일조를 강조한다는 사실을 알고 나니, 이 교회와 국세청 간에 있었던 충돌을 보도하는 데 더욱 생동감이 생겼다. 올 세인츠 교회는 조지 F. 리거스(George F. Regas) 전(前) 주임 신부가 2004년 대통령 선거를 이틀 앞두고 한 설교 때문에 국세청의 감시망에 걸려들었다. 조지는 어느 한 정당의 후보를 지지하지는 않았으나 예수님이 조지 부시에게 이렇게 말씀하시는 장면을 상상해서 말했다. "대통령이여, 너의 선제 공격 원칙은 실패한 원칙이다. 당장 위협을 가하지 않는 적의 정권을 무력으로 교체한 결과로 재앙이 닥쳤다."

2005년 6월, 국세청은 그 설교의 정치적 내용 때문에 올 세인츠 교회의 비과세 지위를 박탈할 수 있다는 서한을 보내 왔다. 하지만 밖에서 보기에도 한 가지 분명한 사실이 있었다. 국세청이 대상을 잘못 골랐다는 것이다. 올 세인츠 교회는 워싱턴의 어느 법률회사를 고용하여 국세청 조사에 맞서 싸웠고, 결국 국세청이 물러났다. 국세청은 2007년 9월에 물러나면서, 이 교회가 '2004년 대선 운동에 개입했다'고 결론지으면서도 그러나 '우리는 이것이 일회적인 사건이며 이 교회가 공직자의 선거 운동에 개입하지 않는다는 정책을 보유하고 있음에 주목한다'고 덧붙였다.

에드는 교회 옆의 한 호텔 식당에서 함께 아침 식사를 하며 이렇게 말했다. "우리가 취한 노선에 대해서는 일말의 의심도 없었습니다. 우리는 우리가 그 일에 맞서 싸울 것을 늘 알았고, 우선 그것이 불의한 일임을 알았습니다. 대법원까지 가야 했다 해도 싸웠을 것이고, 대법원에서 패소했다 해도 계속 밀고나갔을 것입니다. 그런 일로는 우리 중의 누구도 눈 하나 깜짝한 적이 없습니다."

조지는 조지대로 국세청에서 아무리 조사를 해도—심지어 비과세 지위를 박탈해도—강단에서 정치적 문제를 언급하겠다는 교회 교역자들의 의지는 달라지지 않을 거라고 확신했다. 패서디나 시내에 있는 리거스 연구소라는 비영리 기관의 자기 사무실에서 조지는 이렇게 말했다. "이 교회는 예언적 교회가 되어 권력 앞에 진실을 말하는 데 깊이 헌신되어 있고, 이미 그 분야에서 중요한 선도자가 되었습니다. 국세청도 그것만은 결코 바꿀 수 없습니다. 국세청이 일을 어렵게 만들 수는 있겠지만 그런다고 달라질 건 하나도 없습니다. 그럴수록 이 교회 사람들은 더 깊이 파고들 것입니다. 강단의 자유를 지키는 일은 진보 강단에서만이 아니라 보수 강단에서도 기본이고 핵심입니다. 진실을 아는 그대로 말하는 자유는 매우 중요합니다. 어떤 식으로든 그 자유가 억압되면, 우리

9. "늘 주시는 것이 하나님의 속성이다"

는 메시지에 충실하지 못하고 하나님이 되라고 하신 우리의 정체에 충실하지 못한 채 아주 피폐해지고 말 것입니다."

올 세인츠 교회는 그들이 예언자적 전통, '특히 이사야와 호세아와 아모스와 예수님'의 뒤를 잇고 있다고 믿는다. 에드는 말한다. "이사야와 아모스가 명백히 밝혔듯이, 예배가 우리를 세상에 나가 과부와 고아와 모든 힘없는 밑바닥 인생을 위하여 세상을 변화시키도록 이끌어 주지 않는다면, 하나님은 아름다운 예배도 가증하게 여기십니다. 올 세인츠 교회의 관심은 예배에 참석하는 것 자체가 아닙니다. 물론 올 세인츠 교회는 변화를 낳는 아름답고 감동적인 공예배에 참석하는 데 관심을 두지만, 언제나 그것은 예배에서 경험한 변화를 세상으로 가지고 나가기 위해서입니다. 하나님이 본래 창조하실 때부터 꿈꾸셨던 곳이 되도록 세상을 변화시켜 나가기 위해서입니다.

> "내 청지기 신학의 근간은 우리가 하나님의 동역자라는 믿음입니다. 하나님의 동역자로서 감화와 능력을 입어 힘차게 일하려면 우리의 말이 가는 곳에 돈도 함께 가야 합니다."

내 청지기 신학의 근간은 우리가 하나님의 동역자라는 믿음입니다. 하나님의 동역자로서 감화와 능력을 입어 힘차게 일하려면 우리의 말이 가는 곳에 돈도 함께 가야 합니다. 돈을 드리면 하나님을 위하여 훨씬 많은 에너지가 발휘됩니다. 헌금하는 사람이 되면 그만큼 의욕과 활기가 생깁니다."

:: **두 신부의 영향**

2008년에 창립 125주년을 맞은 올 세인츠 성공회 교회는 기념 행사의 일환으로 예배와 기독교 교육과 지역 사회 활동에 쓸 공간을 확장하기 위한 4,500만 달러 모금 운동을 벌였다. 이 교회는 패서디나 시의 노른자 부지에 있다. 유클리드 길 바로 건너에 시청이 있고 동쪽으로 한 블록 거리에 풀러 신학대학원이 있다. 고딕 양식의 건축물과 잘 다듬어진 안뜰이 그림같이 아름다워 가끔 영화와 텔레비전 프로그램에 등장하기도 한다.

자칫 올 세인츠 교회가 돈으로 굴러간다는 생각이 들 수도 있다. 에드는 말한다. 사람들이 이 교회에 대한 선입견을 말할 때면, "나는 우리가 재력이 없다고 말해 줍니다. 100만 달러가 채 되지 않는 우리 재단은 정말 전례가 없는 경우입니다. 우리는 성공회 재단 조합의 회원이 아니며, 우리 교회의 예산인 500만 달러는 교인들의 헌금으로 채워집니다. 극히 작은 재단에서 5퍼센트가 우리 몫이고 교회 주차장에서 조금 수입이 들어오지만, 그게 전부입니다. 나머지는 다 약정 헌금, 가끔씩 외부에서 오는 특별 헌금, 주일 헌금으로 채워집니다. 우리 교회에는 소득이 많지 않은 사람이 대부분입니다. 요즘 경제가 불황이라 교인 셋이 실직하여 갑자기 집 없는 신세가 되기도 했습니다." 지난 10년 동안 해마다 이 교회에 5만 달러씩 헌금한 페기 펠프스도 재단이 비교적 작다며 이렇게 탄식했다. "우리 재단이 SPCA(동물학대방지회) 재단보다 작다는 건 충격적인 사실입니다."

올 세인츠 교회가 정치에 참여한 것은 오랜 전통이지만 십일조를 강조하는 것은 1967년에 조지 리거스가 신부로 부임한 일과 더 직결되어 보인다. 아울러 에드 베이컨도 1995년에 부임한 이래 계속 십일조를 강조했다. 두 사람 다 올 세인츠 교회에 오기 전부터 십일조를 중요하게 여겼다고 한다. 조지는 신학교를 갓 졸업하여 테네시 주 펄라스키의 작은 개척 교회에서 목회할 때 십일조의 중요성을 배웠다. 두 교인이 그에게 교회에 행여 돈이 생기기를 바라거든 십일조를 가르쳐야 한다고 말했다. 조지는 "내가 십일조의 세계에 본격적으로 들어선 것은 당장 돈이 필요해서였습니다"라고 말한다.

테네시 주 태생인 조지는 진보적이기로 유명한 매사추세츠 주 케임브리지의 성공회 신학교에서 공부한 뒤 다시 자신이 태어난 주로 돌아와, 민권 운동이 막 시작되던 시기에 개척 교회를 이끌었다. 당시만 해도 그곳에서는 KKK단이 활개를 치고 있었다. "힘든 3년이었지만 중요한 시간이었고 성장의 시간이었습니다."

테네시를 떠나 그는 뉴욕 주 나이액에 있는 교인 700명 규모인 그레이스 교회의 신부가 되었다. 거기서 2년을 섬기고 나니 주교 호레이스 더니건이 그를 교구 청지기 위원장에 임명했다. 조지는 윌러 컹클링이라는 교인에게 조언을 구했는데, 윌러는 지도자들이 십일조를 가장 확실하게 가르치는 길은 이미 십일조를 하고 있는 교인들에게 간증을 부탁하는 것이라고 역설했다. 조지는 이렇게 말한다. "윌러 컹클링은 나이액에서 가장 큰 부자였고 교회 사역에 기둥 역할을 했습니다. 사업가로 성공한 그는 교회 사역과 십일조에 깊이 헌신되어 있었습니다. 나는 그에게 그리스도인으로서 자신의 제자도에 대하여 그리고 십일조가 자신에게 주는 의미에 대하여 간증해 줄 것을 부탁했고, 교인들은 정말 열심히 들었습니다. 그는 성공한 사업가일 뿐만 아니라 교회 사역의 기둥이었습니다."

조지는 자신에게 베푸는 삶을 가르쳐 준 아버지에게도 공을 돌린다. 그리스에서 무일푼으로 미국에 이민 온 그의 아버지는 결국 식당업으로 꽤 성공했다. 미국에서 정말 어렵게 시작했기 때문에 "아버지는 늘 후히 베푸는 분이셨고, 덕분에 나는 어려서부터 늘 그런 모습을 보며 자랐습니다. 아버지는 십일조에 대해서는 모르셨습니다." 그의 아버지는 가계부를 보면 사람의 우선순위를 알 수 있다고 말하곤 했다. "아버지가 바로 그런 경우였습니다. 어떤 일을 해도 되는지 아닌지를 놓고 대화할 때면 아버지는 '아들아, 가계부를 봐라. 우리가 돈을 어디에 쓰고 있는지 봐라.' 이렇게 말씀하시곤 했습니다. 어렸을 때 나는 아버지가 세인트 제임스 성공회 교회에 드리는 헌금 액수를 보고 놀란 기억이 있습니다. 거기에 대해 아버지께 여쭈어 보지는 않았는데, 그러기엔 내가 너무 어렸습니다. 아버지는 내가 스물한 살 때 돌아가셨고, 그래서 무슨 동기로 그렇게 사셨는지를 끝내 듣지 못했습니다. 자신에게 이토록 많은 것을 준 나라에 뭔가를 돌려주고 싶은 마음은 아버지에게 그냥 당연한 것이었습니다. 베푸는 삶이란 곧 돌려준다는 뜻이었고, 그것이 내 안에도 깊이 뿌리를 내렸습니다."

> "자신에게 이토록 많은 것을 준 나라에 뭔가를 돌려주고 싶은 마음은 아버지에게 그냥 당연한 것이었습니다. 베푸는 삶이란 곧 돌려준다는 뜻이었고, 그것이 내 안에도 깊이 뿌리를 내렸습니다."

에드도 자신에게 십일조를 가르쳐 준 공을 아버지에게 그리고 자신이 애틀랜타에서 처음으로 보좌했던 신부에게 돌린다. 그는 이렇게 말한다. "아버지는 침례교 목사이자 교육자이셨습니다. 아버지는 십일조를 가르치셨고 어머니와 함께 늘 십일조를 하셨습니다. 또한 내가 처음

9. "늘 주시는 것이 하나님의 속성이다"

성공회 신부가 되어 보좌했던 댄 매튜스 신부는 이런 말씀을 해주셨습니다. '이제 자네도 십일조를 할 때가 되었고 십일조의 중요성도 알고 있네. 그런데 자네 부부는 십일조를 하지 않고 있지. 분명히 말하지만 교회에서 열매 맺는 신부가 되고 싶거든 그리고 교회를 담임하려거든 십일조를 하는 게 중요하네. 십일조의 모든 유익 때문이지.' 나는 그분에게 십일조의 유익이 무엇이냐고 묻지 않았습니다. 묻고 싶은데 억지로 참은 게 아닙니다. 나는 그냥 지당하신 말씀이라고만 대답했고, 그 즉시로 십일조를 시작하여 지금까지 계속하고 있습니다."

> "성공회 교회에서 열매 맺는 신부가 되고 싶거든 그리고 교회를 담임하려거든 십일조를 하는 게 중요하네. 십일조의 모든 유익 때문이지."

:: **사람들이 십일조를 하는 이유**

몇몇 교인은 에드가 교인들에게 헌금할 것을 도전하면서 "이것이 너무 적은 요구가 아니기를 바랍니다"라고 덧붙인다며 씩 웃는다. 올 세인츠 교회는 주로 사람들의 간증을 통하여 십일조를 강조하는데, 그들은 자기가 더 풍성히 드리게 된 경위를 예배 시간에 함께 나눈다. 아울러 교회 신문 "살아 있는 성도들"(Saints Alive)에도 관련 기사들을 싣는다.

에드는 말한다. "사람들은 헌금할 때 자신이 행복해지고 기쁨이 충만해짐을 본능적으로 아는 것 같습니다. 그들이 말로 표현하지는 않을지 몰라도 나는 그 배후에 다음과 같은 것이 깔려 있다고 봅니다. 신앙 공동체 및 다른 사람들에게 자신을 내어주면 이로써 자기 안에 있는 하나님의 형상을 발견하게 된다는 것입니다. 늘 주시는 것이 하나님의 속성입니다. 하나님은 주시는 분입니다. 하나님은 생명을 주시고, 건강을 주시고, 용서를 주시고, 자비와 긍휼을 주십니다. 하나님은 세상을 정의롭고 평화로운 곳으로 변화시킬 에너지를 주십니다. 우리가 후히 드리면 어떤 영적인 현상이 벌어지는 것 같습니다. 기쁨과 행복을 부산물로 얻지만, 가장 깊이 벌어지는 일은 내 안에 있는 하나님의 형상이 밖으로 표출되는 것입니다. 드릴 때에, 사람들은 기도할 때나 노을을 바라보는 중에 신비로운 체험을 하는 것만큼이나 절절하게 하나님과의 소통을 느끼는 것 같습니다."

올 세인츠 교회의 몇몇 교인은 자신들이 교회에 내는 헌금에 대해 말하며 에드의 관점을 지지했다. 교구위원 글로리아 피처(Gloria Pitzer)는 결혼 생활이 힘들어졌을 때 오히려 헌금을 늘렸다고 한다. 그녀는 이렇게 말한다. "남편이 일자리를 잃었는데 갑자기 우리는 십일조를 시작했습니다. 무심코 한 십일조였다고나 할까요. 후히 드리는 삶은 배우는 것입니다. 나는 다른 사람들이 헌금 생활을 통하여 어떻게 해방되었는가를 들으면서 배웠습니다. 태어날 때부터 베풀기를 좋아하는 사람은 없을 것입니다. 십일조는 돈을 움켜쥔 채 아까워하고 염려하던 데 대한 죄책감에서 나를 해방시켜 주었습니다. 그렇게 해방된 덕분에 삶 전반에서도 후히 베풀게 되었습니다."

쿠퍼 손튼(Cooper Thornton)은 배우로 활동하려고 내시빌에서 로스앤젤레스로 이사 왔다. 쿠퍼와 목사인 그의 아내 로라는 올 세인츠 교회의 분위기가 편하게 느껴졌다. 쿠퍼는 십일조를 강조하는 이 교회에 대해,

> "후히 드리는 삶은 배우는 것입니다. 나는 다른 사람들이 헌금 생활을 통하여 어떻게 해방되었는가를 들으면서 배웠습니다."

9. "늘 주시는 것이 하나님의 속성이다"

"아주 거북한 주제를 탁 터놓고 말하니 시원합니다. 금기를 깬 것입니다"라고 말한다. 전통적 교회에서는 때로 기도라든가 가난한 이들을 위한 봉사 같은 영적 훈련들을 더 쉽게 볼 수 있는데, 쿠퍼는 십일조도 그런 훈련의 하나로 보고 중시한다. "훈련들은 내 삶을 한층 더 규모있게 해줍니다. 그리고 우리와 똑같이 그 훈련들을 하고 있는 전 세계의 신앙 공동체에 연결되어 있다는 느낌을 줍니다."

케이트 개스퍼렐리 번(Kate Gasparrelli-Byrne)은 자신이 십일조에 마음을 열게 된 것을 평소에 후히 드리는 삶을 강조하던 부모의 공으로 돌린다. 그녀는 "나는 십일조라는 말이 싫습니다. 꼭 우리가 하나님께 세금을 내는 것처럼 들리거든요"라고 말한다. 그러면서도 그녀는 십일조를 하고 있고, 베푸는 삶을 그리스도인의 삶의 중대한 일면으로 본다. 그녀는 주먹을 꽉 쥐어 보이며 "삶을 이렇게 만들어서는 안 됩니다"라고 말한 뒤 다시 손을 펴면서 이렇게 말했다. "삶을 이렇게 만들어야 합니다. 나한테 불편할 정도로 최대한 많이 드리고, 온 우주가 내 편이 되어줄 것을 신뢰하면 됩니다. 우리는 이 일을 다 함께 하며, 그것이 십일조의 정신입니다. 누구나 자기에게 소중한 것들은 모으게 마련입니다. 십일조도 그런 원리가 자연스럽게 연장된 것입니다. 십일조를 하지 않는다면 그것은 성령께서 내 삶 속에서 큰일을 행하시지 못하게 그분을 막는 것입니다."

HBO(유선방송 프로그램 공급사) 전략 기획 및 운영 책임자로 일하는 다

> "우리는 이 일을 다 함께 하며, 그것이 십일조의 정신입니다. 자기에게 소중한 것들은 누구나 모으게 마련이듯이 십일조도 그런 원리가 자연스럽게 연장된 것입니다. 십일조를 하지 않는다면 그것은 성령께서 내 삶 속에서 큰일을 행하시지 못하게 그분을 막는 것입니다."

티 시몬스(Dottie Simmons)는 흑인감리교(AME)에서 자랐다. 그녀는 이렇게 말한다. "하나님께 드린다는 것은 **첫째로** 이 물질 세계에서 내 외적인 형편과 상관없이 내 필요가 채워질 것을 진심으로 믿는다는 뜻입니다. 그것이 결국 내가 내린 결론입니다. 십일조를 처음 시작할 때 내 수입은 지금보다 훨씬 적었고, 그래서 10퍼센트가 내 재정에서 차지하는 비중이 당연히 더 컸습니다. 하지만 내 생각이 정말 바뀌었습니다. 불과 몇 달 만에 내 수입은 모든 **필요를** 채우기에 충분해진 반면 내 **욕심**은 줄었습니다."

제트 추진 연구소에서 일하는 리처드 베이티(Richard Beatty)는 자신의 공학 기술을 가지고, 올 세인츠 교회에서 실시하는 변화의 여정이라는 프로그램을 통하여 단기로 아르메니아와 말라위에 다녀왔다. 그는 이렇게 말한다. "나는 십일조를 강요하는 말이나 십일조를 하지 않으면 나쁜 사람이라는 말은 들어보지 못했습니다. 그보다 십일조는 하나의 초대였습니다. 십일조를 통하여 나는 교회와 더욱 큰 유대감을 느끼고, 더 많은 것을 알게 되며, 훨씬 즐겁게 교회의 한식구가 됩니다."

올 세인츠 교인들 중 다수는 자신의 헌금 생활을 들려주면서, 이 교회의 오랜 교인인 워링턴 '워리' 맥엘로이(Warrington 'Warry' MacElroy)의 이름을 입에 올렸다. 그들은 워리와 대화해 보았느냐고, 꼭 대화를 나눠봐야 한다고 말했다.

은퇴한 워리는 내가 올 세인츠 교인들을 만나던 마지막 날에 다급하게 연락했는데도 시간을 내주었다. 그의 옷차림은 평상복이지만 고상했다. 하지만 더 인상적인 것은 평안을 뿜어내는 그의 몸에 밴 미소와 눈빛이었다. 그는 "1973년까지만 해도 나는 훌륭한 그리스도인이었습니

9. "늘 주시는 것이 하나님의 속성이다"

다. 해야 할 도리를 다하는 착한 아이였습니다"라고 말한다.

그러다 그는 꾸르실료(Cursillo, 스페인어로 '단기 과정'이라는 뜻—역주)[1]에 참석했다가 카리스마 계열의 거듭난 그리스도인이 되었다. 직장 친구를 통하여 그는 안식일 교회에서 제작한 십일조 홍보 팸플릿을 보았다. 팸플릿을 읽은 그는 그 내용에 감명을 받았고, 꼭 하나님이 자신에게 이렇게 말씀하신다고 느꼈다. "워리야, 지금까지 내가 너에게 해준 모든 것을 볼 때 내가 너에게 십일조를 하라고 하면서 십일조를 할 능력을 주지 않을 것 같으냐?"

처음에는 헌금 액수를 세 배로 늘려야 수입의 10퍼센트에 도달할 수 있었다. 그는 말한다. "이제는 십일조를 그만두기가 두렵고 그만두고 싶은 마음도 없습니다. 십일조는 우리가 마땅히 해야 할 일입니다. 십일조는 가까이 계신 인격적인 하나님을 만나는 가장 단순하고 직접적인 방법의 하나입니다." 뉴올리언스의 스테이시 크레이머처럼 워리도 말라기 3:10에 나오는 하나님의 말씀을 인용한다. "만군의 여호와가 이르노라.···그것으로 나를 시험하여 내가 하늘 문을 열고 너희에게 복을 쌓을 곳이 없도록 붓지 아니하나 보라."

:: 살아 있는 물

에드 베이컨은 올 세인츠의 새 교인들—또는 후히 드리는 삶의 원리를 더 배워야 하는 기존 교인들—과 대화할 때면, 이스라엘 여행 중에 보았던 두 개의 아주 다른 호수를 이야기한다. 우선 그는 갈릴리 호수의 생동감을 말해 주는데, 그 광경을 그는 호반의 어느 식당 테라스에서 직접 보았다. 그는 말한다. "노 젓는 배나 쾌속정을 타는 사람들, 멀리 고깃배를 띄운 사람들, 제트 스키를 즐기는 사람들, 둑으로 소풍을 나온 사람들이 있었습니다. 갈릴리 호수는 어획량이 워낙 풍부해 예나 지금이나 사람들이 거기서 고기잡이를 업으로 하고 있습니다.

그 다음에는 같은 여행 중에 사해에 갔던 일을 들려줍니다. 사해에는 생명체가 없습니다. 피부에 좋다는 진흙을 얼굴에 바르는 곳이 두어 군데 있을 뿐입니다. 전부 소금이라 물속에 들어가면 몸이 뜹니다. 하지만 보트도 없고 소풍도 없고 나뭇잎도 없습니다. 녹색이라곤 찾아볼 수 없고 황량하기 짝이 없습니다.

두 호수의 차이가 있다면 갈릴리 호수는 요단 강물을 받아들일 뿐만 아니라 또한 흘려보낸다는 것입니다. 한마디로, 갈릴리 호수는 베풉니다. 반면에 사해는 물이 흘러들기만 할 뿐이지 증발 작용 외에는 전혀 나가는 게 없습니다. 하나님의 은혜를 받을 뿐만 아니라 또한 그 은혜를 아낌없이 퍼 주는 것, 그게 바로 삶의 본질이며 우리를 살아 있게 하는 본질입니다."

> "하나님의 은혜를 받을 뿐만 아니라 또한 그 은혜를 아낌없이 퍼 주는 것, 그게 바로 삶의 본질이며 우리를 살아 있게 하는 본질입니다."

9. "늘 주시는 것이 하나님의 속성이다"

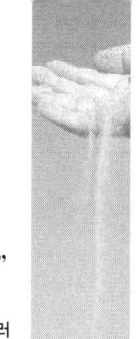

10. "나나 당신에 대해서도 그런 이야기를 합니까?"

이스로엘 밀러

피츠버그 도시권에는 약 2만 5,000명의 유태인이 살고 있는데 그중에서도 유태인 가정이 가장 밀집된 곳은 스쿼럴 힐이라는 동네다. 금요일 오후나 토요일에 스쿼럴 힐에 가보면 눈길을 끄는 그 동네의 8개 회당으로 끝없이 줄지어 가는 사람들을 볼 수 있다. 그들은 때로 골목길 한가운데로 걷기도 하는데, 그 8개 회당 중에 셰이디 길과 필립스 길이 만나는 곳에 포앨 제데크(Poale Zedeck) 회당이 있다. 오스트리아와 헝가리 이민자들이 19세기 후반부터 예배를 드린 이 정통 회당에는 수많은 스테인드글라스가 장식되어 있으며, 피츠버그 유적 관리 재단에서 이 주옥 같은 성지를 지원 및 보존하고 있다.

1984년에 포앨 제데크 회당의 랍비가 된 이스로엘 밀러(Yisroel Miller)와의 인터뷰는 오후로 잡혀 있었다.[1] 일찌감치 도착한 나는 걸어서 블록을 빙 돌아 건물 앞쪽의 계단에 앉아, 셰이디 길이 갈라져 틸베리 길과 세모꼴 모서리를 이루는 특이한 모양을 재미있게 바라보고 있었다. 어떤 남자가 뒤에서 문을 열기에 내가 랍비냐고 물었더니 그는 건물 관리인이라고 싹싹하게 대답했다. 랍비 밀러를 인터뷰하러 왔다는 내 말에 그는 짧게 PZ 회당이라 부르며 내게 즐거운 방문이 되기를 빈다고 했다.

PZ 회당의 사무실 입구는 인터폰 통화를 통해 열리도록 되어 있었으나 나는 때마침 어느 나이든 교인이 들어가기에 뒤따라 들어갔다. 내가 불쑥 나타나자 직원이 긴장하는 것 같았다. 그제야 나는 랍비 밀러를 보러 왔다고 말했다.

랍비는 나를 따뜻이 맞아 주었다. 서재로 들어서니 대부분 히브리어로 된 책들이 빼곡히 꽂혀 있었고, 한쪽 구석에서는 에어컨 돌아가는 소리가 윙윙거렸다. 자리에 앉자마자 랍비는 십일조에 관한 정통 유대교의 사상을 마치 강의하듯이 차근차근 설명해 나갔다. 우리의 대화가 딱히 교리 문답식은 아니었지만 랍비 밀러는 가르치기를 좋아하는 사람이다. 그것이 회당에서 맡은 역할이어서만이 아니라 또한 자신이 설명하는 율법을 사랑하고 존중하기 때문이다.

그는 이렇게 말한다. "나의 아버지도 랍비이셨습니다. 랍비 가정에서 자라면서 내게 확실했던 게 하나 있었다면 나는 랍비가 되고 싶지 않다는 것이었습니다. 많은 성직자 자녀들이 아마 그럴 것입니다. 하지만 나는 유대교 학문을 공부하는 데 흥미가 있었습니다. 우리는 그 학문을 토라라고 부르는데, 유대교에서는 자신의 종교를 공부하는 것이 하나의 성례이자 뛰어난 신앙 행위입니다. 청소년기에 나는 몇몇 영향력 있는 지도자를 만났는데, 그들을 통하여 유대교 학문에 대한 열정을 품게 되었습니다. 그렇게 몇 년 공부하다 보니 그것을 다른 사람들에게 나누고 싶은 마음이 생겼습니다.

결국 나는 안수 받은 후에 장학생이 되어 피츠버그에 왔고, 그 덕분에 학문을 계속하면서 또한 평신도들을 가르칠 수 있었습니다. 유대교에 대해 더 배우고 공부하기 원하는 평신도들 중에는 이미 헌신된 사람들도 있고 탐색 중인 사람들도 있습니다. 이 회당도 내가 그때 가르친 곳 중의 하나입니다. 전임 랍비가 이임하자 교인들이 나를 보며 '당신이 우리의 영적 지도자가 되어 주겠습니까?'라고 묻더군요. 그건 내가 당초에 계획했던 길은 아니었습니다. 그런데 내게는 스승이 계셨습니다. 우리 전통에서는 살아 있는 스승을 두는 것이 아주 중요합니다. 스승은 '그들이 너에게 부탁하거든 안 된다고 하지 말라'고 하셨습니다. 그래서 나는 이 일을 맡아 지금까지 24년째 섬기고 있습니다."

:: **토라의 해석**

그 무더운 여름날, 랍비 밀러의 가르침은 일목요연했다. 그는 하나님이 모세를 통하여 주신 율법을 정의했고, 율법에 대한 오늘날의 지배적이고 합의적인 해석을 설명했고, 율법대로 살아온 의로운 유태인들의 사례를 제시했다.

그는 이렇게 말한다. "모세오경에 나오는 계명들 중에 십일조의 계명이 있습니다. 십일조는 농산물로 드리는 것이며 고대 이스라엘의 주산물은 곡식(밀과 보리), 포도주, 올리브 기름이었습니다. 지금도 이스라엘 땅의 유태인 농부들에게는 농산물의 십일조를 드려 가난한 사람들을 돕는 전통이 있습니다. 농경 사회가 도시 사회로 바뀌고 화폐가 교역의 수단

"십일조가 계명이요 하나님의 뜻을 이루는 일이라는 것이 전반적인 합의입니다."

이 되면서, 다른 형태의 소득에 대해서도 십일조를 드려야 할 의무가 있

10. "나나 당신에 대해서도 그런 이야기를 합니까?"

는가 하는 의문이 생겨났습니다. 그럴 의무가 있다는 것이 합의적인 견해입니다.

하지만 거기서 다시 의문이 생깁니다. 이 의무는 본래부터 성경에 있던 것인가요, 아니면 랍비들이 추가한 것인가요? 설령 랍비들이 추가한 것이라 해도, 여전히 우리는 그것을 하나님이 농경 사회에 원하셨던 원리라고 보고 있습니다. 비록 지금은 돈을 버는 방식이 달라졌어도 분명히 하나님은 구호의 개념이 지속되기를 원하실 것입니다. 물론 어떤 사람들은 십일조가 계명이긴 하지만 유대교에서 말하는 의무와 의로운 행위는 서로 다르다고 보기도 합니다. 의무는 사실상 예외를 허용하지 않지만, 의로운 행위는 구속력 있는 의무가 아닐 수도 있다는 것입니다. 그러나 십일조가 계명이요 하나님의 뜻을 이루는 일이라는 것이 전반적인 합의입니다. 구호 단체에 십일조를 드리는 것은 의무입니다. 물론 사람에 따라 소득의 십일조를 드리기가 아주 힘들 수 있고, 그래서 대체로 십일조를 누구나 꼭 해야 하는 구속력 있는 의무로 보지는 않습니다. 그래도 십일조는 장려해야 할 일입니다.

유대교는 율법의 종교이며 이 부분에는 설명이 필요합니다. 무슨 일이든 일단 법으로 만들면 알맹이를 잃는다고 생각하는 사람들이 많습니다. 물론 그런 위험은 늘 존재합니다. 하지만 꼭 해야 할 일을 법제화하지 않고 두루뭉술하게 두는 한, 인간은 어떤 의무든 한없이 곡해하게 마련입니다. 성문법으로 만듦으로써 '네가 할 일은 이것이다'라고 말해 주는 것이지 결코 율법의 정신을 저버리려는 것이 아닙니다.

유대교에는 우리가 지켜야 할 사실상의 모든 계명에 관한 책들이 있습니다. 예컨대 '부모를 공경하라'는 계명이 있습니다. 좋습니다, 유대교나 기독교나 세상 모든 사람이 효도를 중시합니다. 하지만 유대교에는 부모를 공경한다는 것은 과연 무슨 뜻인지에 관한 책들이 있습니다. 또한 '남을 험담하고 다니지 말라'는 계명도 있습니다. 대다수 사람들은 험담하지 않는 것을 바람직한 행위 정도로 여기지만, 우리는 그것을 성경의 계명으로 여깁니다. 따라서 그와 관련된 율법들이 있고, 교인들은 율법책에서 험담의 의미를 공부합니다. '사람이 할 수 있는 말은 무엇이고, 해서는 안 될 말은 무엇이며, 예외를 둘 수 있는 때는 언제인가?'

이런 공부는 율법의 정신을 저버리려는 것이 아니며, 오히려 우리를 율법의 정신에 더 민감하게 해줍니다. '험담하지 말라'에 관한 법들을 공부하면—물론 그 법들은 언제나 저자의 권면 사항이며 본질적으로 이야기들입니다—그 책을 공부하는 날부터 나는 전보다 험담을 덜 하게 됩니다. 그것이 나를 더 영적인 존재가 되게 해주는 것입니다. 구호 전반과 특히 십일조에 관한 법들도 마찬가지입니다."

십일조에 관한 랍비들의 가르침에서 가장 구심점이 되는 것은 말라기 3장이다. 랍비 밀러는 이렇게 말한다. "랍비들의 말은 하나님이 선지자를 통하여 말씀하신 이 구절에 근거한 것입니다. '너희의 온전한 십일조를 창고에 들여 나의 집에 양식이 있게 하고 그것으로 나를 시험하여 내가 하늘 문을 열고 너희에게 복을 쌓을 곳이 없도록 붓지 아니하나 보라.'[2] 여기에 대하여 탈무드는 하나님을 시험하는 것이 원칙적으로 잘못된 일이라고 말합니다. 우리는 이렇게 말해서는 안 됩니다. '하나님, 제가 오늘 아주 간절히 기도할 테니 오늘밤에 이 복권이 당첨되게 해주십시오. 그러지 않으시면 안 됩니다. 하나님이 정말 계시는지 이 시험으로 알아보겠습니다.' 우디 앨런의 말마따나 '저한테 스위스 은행의 예금 같은 표적을 보여 주십시오'라고 해서는 안 됩니다. 탈무드는 하나님을 시험하지 말라고 가르칩니다. 보상을 바라지 말라는 것입니다. 그런데 우리가 하나님을 시험해도 되는 예외가 하나 있습니다. 지금부터 십일조를 드리고 거기에 보상이 없는지 보라는 것입니다. 보상이 보장되어 있는지는 나도 모르고, 혹시 금전적 보상이 아닌 다른 형태일지도 모릅니다. 그러나 독실한 유태인들이 즐겨 하는 말처럼, 대체로 구호를 행하면 나쁜 일이 벌어지지 않습니다. 가난해질까 봐 걱정할 필요가 없습니다. 그렇다고 소득의 전부를 드리자는 말도 아닙니다. 다만 십일조를 드리면 자신에게 유익하다는 것이 우리의 전통입니다."

"그런데 우리가 하나님을 시험해도 되는 예외가 하나 있습니다. 지금부터 십일조를 드리고 거기에 보상이 없는지 보라는 것입니다. 독실한 유태인들이 즐겨 하는 말처럼, 대체로 구호를 행하면 나쁜 일이 벌어지지 않습니다."

:: **후히 드리는 삶을 이야기를 통하여 배우다**

랍비 밀러는 남몰래 베푼 친절의 행위가 세대를 가로질러 두 집안 간에 복을 가져다준 이야기를 들려주었다. "어떤 랍비가 있었는데 이웃 동네에서 누가 부인과 아들만 남겨놓고 죽었습니다. 모자는 아주 가난했습니다. 벌써 두세 세대 전의 일입니다. 랍비는 돈을 모금하여 과부와 아이를 도와주었습니다. 아버지 없이 자란 그 아이는 마침내 어느 유수한 랍비 신학교의 학장이 되었습니다. 물론 그는 어렸을 때 자기 집을 도와준 그 랍비에 대해 아무것도 몰랐습니다. 한편 그 랍비의 손자는 랍비가 되고 싶어 어떤 학교에 들어갔으나 잘 적응하지 못하고 겉돌았습니다. 그래서 다른 학교에 가 보았습니다. 랍비가 되려는 사람들이 진학 준비를 위해서 가는 사립학교였습니다. 이렇게 두어 학교에 가 보았지만 별 성과가 없었습니다.

그때 누가 그에게 말해 주었습니다. '아주 명문인 랍비 신학교가 있는데 그 학교의 학장을 찾아가 보지 그러느냐. 대학원 같은 곳인데 그는 아주 지혜로운 사람이다.' 그래서 이 아이가 학장인 랍비를 찾아갔더니 학장은 그 학교에 들어오라고 권했습니다.

그 학생은 자신이 이 명문교에서 잘 해낼 수 있을지 자신이 없었으나 학장은 그를 설득하여 과목들을 청강하게 했습니다. 그리고 자기 집에 함께 살며 다시 공부에 마음을 붙이게 해주었습니다."

랍비 밀러는 말한다. "그래서 그 젊은이는 랍비의 집에 기숙하게 되었습니다. 학장이 상당히 무리하면서까지 그를 받아 주어 결국 젊은이는 그곳에 입학했습니다. 현재 그는 뉴저지 주에서 아주 성공적인 랍비가 되어 있습니다. 나는 그 청년도 알고 그 훌륭한 랍비인 학장도 압니다. 일찍이 그 청년의 할아버지는 그 학장이 어려서 아버지를 잃었을 때 그를 도왔고―학장은 그 사실을 모르고 있습니다―학장은 다시 이 청년을 도와야겠다는 부담을 느꼈습니다. 이것을 우연의 일치라고 말할 사람이 있을지 모르지만, 내가 보기에는 보상의 단순한 예일 뿐입니다. 이런 이야기는 얼마든지 많이 있습니다."

랍비 밀러는 두 권의 책을 언급했는데, 둘 다 주로 히브리어를 모르거나 히브리어에 대한 지식이 극히 제한된 현대 유태인들을 위하여 영어로 된 책들이다. 하나는 「율법 지침서」(*Guide to Halachos*)이고,[3] 또 하나

10. "나나 당신에 대해서도 그런 이야기를 합니까?"

는 랍비 이스라엘 메이어 케이건(Israel Meir Kagan, 1840-1883)이 쓴 십일조에 관한 가르침을 영어로 번역한 책이다. 식품점을 운영하던 폴란드인 케이건은 처음에 익명으로 책을 썼으나 결국은 전 세계의 정통 유태인들에게 두고두고 영향을 미치게 되었다.[4] 두 책 모두 한 해의 헌금 액수를 산정하는 법을 정확히 설명해 놓았고, 그 돈을 분배하는 방법도 여러 가지로 소개하고 있다. 강조점은 회당이라는 기관을 후원하기보다 다른 사람들의 필요를 사랑으로 채워 주는 데 있다.

랍비 케이건은 첫 책이 나온 뒤로 하페츠 하임(Chafetz Chaim)으로 더 잘 알려져 있는데, 그의 경건한 삶을 말해 주는 일화가 많이 있다. 랍비 밀러는 말한다. "그의 아내는 그가 공부하기를 원했습니다. 그래서 가게는 거의 온종일 아내가 보고 그는 공부를 했습니다. 나이 마흔이 된 그는 험담이 죄인 것을 모르는 유태인들이 많음을 알게 되었습니다. 물론 험담이 좋은 일이야 아니지만 흔히들 그것을 은행 돈을 가로채는 일만큼 나쁘게 보지는 않습니다. 그는 '도둑질하지 말지니 그것은 죄니라. 험담하지 말지니 그것도 죄니라'라고 했습니다. 정직한 사업에 관한 책들은 있는데 험담에 관한 책은 그때까지 한 권도 없었습니다. 언급이야 되었지만 그것이 책 전체의 주제인 경우는 없었습니다. 그래서 그는 험담을 주체로 책을 썼고, 이어 또 한 권을 써서 익명으로 출간했습니다. 명예를 바라지 않았던 것입니다. 그 책 제목이 「살고자 하는 자 누구인가?」(*Who Wants to Live?*) 또는 「생명을 원하는 자 누구인가?」(*Who Wants Life?*)이며 히브리어로는 '하페츠 하임'입니다.[5] 익명의 책이라 저자명을 모르다 보니 사람들은 그냥 그를 하페츠 하임이라 불렀고, 그래서 그는 지금까지도 그렇게 알려져 있습니다. 그 뒤로도 그는 많은 책을 썼는데,

그중에는 다른 사람들을 향한 전반적인 의무에 관한 책도 있고 그 책에 십일조라는 의무, 계명, 규율이 들어 있습니다."

랍비 밀러의 말은 이렇게 이어진다. "그에게 배운 학생들을 직접 만나지 않았더라면 나도 그에 관한 이야기들을 믿지 못했을 것입니다. 그에게 독일 출신의 한 학생이 있었습니다. 당시에 러시아와 독일이 싸우고 있었는데 그 학생이 간첩으로 체포되었습니다. 그래서 하페츠 하임 즉 랍비 케이건이 성격 증인(법정에서 원고나 피고의 성격에 대해 증언하는 사람-역주)으로 소환되었습니다. 그가 누구냐는 판사의 질문에 변호사는 이렇게 설명했습니다. '존경하는 재판장님, 이 사람에 대한 이야기를 하나 할까 합니다. 어느 날 그가 길을 걷고 있는데 누가 그를 세우며 5달러짜리 지폐를 바꿔 줄 수 있겠느냐고 묻더랍니다. 그래서 하페츠 하임이 지갑을 꺼내 잔돈을 세고 있는데 상대방이 지갑을 확 빼앗아 달아났습니다. 그때 이미 노인이었던 하페츠 하임은 그를 따라 뛰면서 용서합니다! 당신을 용서합니다!라고 말해 주었답니다.' 그러자 판사가 변호사에게 '지금 그 이야기를 사실로 믿는 거요?'라고 물었습니다. 변호사는 '잘 모르겠습니다, 재판장님. 하지만 사람들이 나나 당신에 대해서도 그런 이야기를 하고 있습니까?'라고 대답했습니다."

랍비 밀러는 하페츠 하임이 널리 존경받는 한 가지 이유를 그가 전통대로 살았기 때문이라고 본다. "최고로 존경받는 훌륭한 랍비가 되려면 훌륭한 학식과 훌륭한 성품을 겸비해야 합니다. 아무리 탈무드를 가르치는 교수이고 지식이 많아도

후히 베푸는 삶은 개인적이고 인격적인 활동인데, 현대의 세속 문화 때문에 사람들이 그 사실을 인식하기가 더 어려워지고 있다.

10. "나나 당신에 대해서도 그런 이야기를 합니까?"

성품이 그에 걸맞지 않으면, 괜찮은 사람은 될지 몰라도 최고의 자리에는 이르지 못합니다. 그 이유는 그 자리가 공식 직함이 아니라는 데도 있습니다. 그것은 만인이 인정해 주어야 이르는 자리인데, 사람들은 전통대로 사는 사람을 인정하는 경향이 있습니다. 의식(儀式)은 행하지만 이웃을 향한 사랑이 없는 사람은 전통을 따르고 있는 게 아닙니다."

후히 베푸는 삶은 개인적이고 인격적인 활동인데, 랍비 밀러는 현대의 세속 문화 때문에 사람들이 그 사실을 인식하기가 더 어려워지고 있음을 우려한다. 한번은 그가 150명과 함께 단체로 이스라엘에 갔을 때, 각 사람에게 1달러씩을 주면서 가난한 사람에게 베풀라고 했다. 단순한 일인데도 어떤 사람들은 어찌할 바를 몰라, 돈을 돌려줄 테니 랍비가 직접 베풀면 어떻겠느냐고 물었다.

랍비 밀러는 말한다. "돈을 주기란 어려운 일이지만, 월급을 받자마자 10퍼센트를 따로 구제용 계좌에 떼어 두면 그 돈은 더 이상 내 것이 아닙니다." 유대교 전통에서는 "십일조 전액을 한 곳에 드리는 것이 허용되지 않습니다. 나의 도움이 필요한 사람들을 위해 늘 준비되어 있어야 합니다. 가난하고 어려운 사람이 우리 집 문을 두드릴 때 '다른 일에 이미 헌금을 다 드렸다'고 말할 수는 없습니다. 여러 가지 일에 골고루 베풀어야 합니다. 예를 들어, 정통 유태인은 가난한 사람들에게도 일정액의 구호를 하고, 유대교의 정신을 보존하는 일―회당과 학교―에도 일정액의 헌금을 해야 합니다. 유대교는 공부를 중시하며, 따라서 유대교를 가르치는 학교를 후원하는 일은 매우 중요합니다. 일반적으로 우리는 지역 사회가 회당과 아이들의 학교 중에서 하나밖에 지을 수 없다면 학교부터 지으라고 말해 줍니다. 학교가 있으면 결국은 회당도 생기게 되어 있습니다. 하지만 회당은 있어도 학교가 없으면 결국은 둘 다 없어지고 맙니다."

랍비는 자기 회당의 일부 교인들의 헌금에 대해 말했다. "십일조를 다른 식으로 드려도 되느냐고 묻는 교인들이 많이 있습니다. 내가 아는 한 사람은 구제용 계좌가 있습니다. 그는 내게 혹시 주변에 어려움에 처한 사람을 알거든 자기한테 알려 달라고 부탁했습니다. 그래서 내가 가끔 알려 주면 그가 내게 수표를 보내오는데, 대개 나는 도움이 필요한 사람의 이름은 밝히지 않습니다. 착한 사람

> 유대교 전통에서는 "십일조 전액을 한 곳에 드리는 것이 허용되지 않습니다. 나의 도움이 필요한 사람들을 위해 늘 준비되어 있어야 합니다."

들은 어디에나 있습니다. 이런 너그러운 사람들을 보면 우리는 큰 감동을 받고, 그들 자신도 기쁨을 얻습니다. 간혹 이스라엘이나 뉴욕 시의 유수한 랍비 신학교 등 여러 가지 사업을 추진하기 위하여 랍비들이 이쪽 지역을 방문합니다. 그러면 나는 그들의 연락처를 넣어 추천장을 작성합니다. 지금은 작고한 한 신사가 있는데, 그는 학식 있는 유태인은 아니었지만 사업을 잘했습니다. 그는 혹시 가치 있는 일로 돈을 모금하러 오는 사람이 있으면 자기한테 보내 달라고 내게 부탁했습니다. 나는 그에게 사람을 보내곤 했습니다. 그러면 그는 그들을 따뜻이 환대할 뿐만 아니라 나중에 내게 전화를 걸어, 그 사람을 도울 수 있도록 자기한테 보내 주어 정말 고맙다고 말하곤 했습니다. 그런 귀한 사람들이 많이 있습니다.

그런가 하면 후원의 출처를 밝히지 않고 자신의 십일조로 가난한 가정을 후원하는 사람들도 있습니다. 한 걸음 더 나아가, 누군가를 도우

10. "나나 당신에 대해서도 그런 이야기를 합니까?"

면서 그 사람이 도움을 받고 있다는 사실조차 모르게 하는 경우도 있습니다. 예를 들어, 누군가를 어떤 일에 채용하고 임금을 더 많이 지불하는 것인데, 받는 사람은 상대방이 그런 식으로 자기를 돕고 있음을 모릅니다."

랍비 밀러의 한 스승은 소득의 십일조 못지않게 시간과 재능을 십일조로 드리는 원리를 강조했다고 한다. 그런 봉사는 다양한 형태를 띨 수 있다.

"유대교 장례식장들이 있긴 하지만, 특별히 시신을 씻고 염하여 고인에게 예우를 갖추는 자원봉사자들이 있습니다. 사람들이 시간을 드려 그 일을 하는 것입니다. 시간의 십일조를 드려 장례를 위한 시신 준비를 돕는 것입니다. 뉴욕 시에서 앰뷸런스 봉사를 시작한 사람들도 있습니다. 뉴욕은 워낙 커서 혹시 앰뷸런스가 필요해도 한참을 기다려야 합니다. 그래서 수십 년 전에 정통 유대교인들이 사설 앰뷸런스 봉사단을 만들었는데 인력은 전원 자원봉사자들입니다. 유대교인이 아니어도 이용할 수 있습니다. 다만 누구나 다 이용하면 감당할 인력이 모자라겠기에 전화번호부에는 올리지 않고 있습니다. 하지만 엄연히 존재하고 있고 자원봉사자들이 나가고 있습니다. 뉴욕의 웬만한 큰 회당에는 그 기관에 속해 있는 교인들이 있습니다. 모두 인공호흡법과 응급처치법 등 자격 요건을 훈련받은 사람들입니다.

시간을 드려 자원봉사를 하는 사람들을 나는 그밖에도 많이 알고 있습니다. 차가 고장 났는데 자동차 보험이 없는 사람들을 위하여 하루 24

> "재정을 드리는 차원을 넘어 시간을 드릴 수 있는 창의적인 방법들이 많이 있습니다."

시간 교대로 봉사하는 사람들도 있습니다. 재정을 드리는 차원을 넘어 시간을 드릴 수 있는 창의적인 방법들이 많이 있습니다."

11. 의로운 숫자 계산

존과 실비아 론즈벌

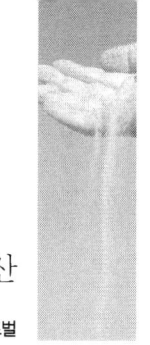

'빈 무덤'(empty tomb, Inc.)이라는 사역 기관은 일리노이 대학교 어바나샴페인 캠퍼스에서 걸어갈 만한 거리에 있는 아담한 크기의 사무실 건물에 있다. 이 기관의 설립자인 존과 실비아 론즈벌(John & Sylvia Ronsvalle)을 만나기 몇 주 전에, 나는 한 시간쯤 대화를 했으면 좋겠다고 했다. 그런데 실비아는 점심식사에 이어 제한 없이 인터뷰를 해도 좋다며 시간을 넉넉히 내주었다. 론즈벌 부부는 샴페인 기차역에서 나를 맞아 주었고, 시카고로 돌아가는 저녁 기차 시간을 조금 앞당기도록 선뜻 도와주었다. 우선 우리는 대학 캠퍼스를 차로 한 바퀴 돌았다. 메모리얼 운동장은 파이팅 일라이니 팀이 풋볼을 하는 웅장한 벽돌 건물인데, 거기를 지나면서 론즈벌 부부는 그곳의 탐나는 특석을 차지하려고 해마다 수많은 사람들이 수십만 달러를 쏟아붓는다고 말했다.

론즈벌 부부가 1970년대에 설립한 빈 무덤은 실비아의 말로 기독교 연구 및 봉사 기관이다. 하지만 그것은 구세군이 노숙자 한 명을 가끔씩 도와준다는 말만큼이나 축소된 표현이다. 실비아는 "1970년대에 그 이름을 정할 때 우리는 예수님이 과연 죽음에서 살아나셨다는 진리를 승리주의적인 느낌 없이 편안하고 친근감 있게 전달하려는 뜻에서 일부러 소문자를 사용했어요"라고 말한다. 교회의 헌금 실태에 관한 기사를 작성하는 기자들에게 빈 무덤은 단연 앞서가는 두뇌 집단이다. 론즈벌 부부의 통계 작업은 워낙 왕성하여, 200페이지 가까운 도전적 보고서인 「교회 헌금 실태」(The State of Church Giving)가 2010년이면 벌써 20판이 나올 예정이다.¹⁾ 이들은 진전이 눈에 띨 때마다 칭찬을 하는데, 캘리포니아 주 시미밸리의 코너스톤 교회가 예산의 절반을 선교에 지출하기로 한 결정이 그런 경우다. 하지만 이들은 또한 대다수 교회들이 세계 복음화에 또는 개발도상국의 예방 가능한 아동 사망을 퇴치하는 일에 얼마나 우선순위를 두고 있지 않은지도 조목조목 밝히고 있다.

"해외 선교에 대한 제도적 속박의 폐지"(2007년), "세계의 분류, MDG 4(새천년개발목표를 뜻하는 MDG는 2015년까지 달성할 8개 목표로 지구상의 불평등을 줄이고 인류의 전반적 삶을 개선하기 위하여 유엔 대표들이 2000년에 채택한 개발 계획을 말한다-역주), 미전도 종족"(2008년) 등 근년에 「교회 헌금 실태」에 붙은 부제들을 보면, 해마다 새로 현황을 파악하는 론즈벌 부부의 의중을 조금 엿볼 수 있다. 2008년판 뒤표지에 그들은 똑같이 3장 16절인 성경 구절 세 개를 실어, 세상을 변화시키시는 일에 대한 하나님의 관심을 전하고 있다.

요한복음 3:16 "하나님이 세상을 이처럼 사랑하사 독생자를 주셨으니 이는 그를 믿는 자마다 멸망하지 않고 영생을 얻게 하려 하심이라."

요한일서 3:16 "그가 우리를 위하여 목숨을 버리셨으니 우리가 이로써 사랑을 알고 우리도 형제들을 위하여 목숨을 버리는 것이 마땅하니라."

요한계시록 3:16 "네가 이같이 미지근하여 뜨겁지도 아니하고 차지도 아니하니 내 입에서 너를 토하여 버리리라."[2)]

빈 무덤은 연구 기관에 그치지 않는다. 사명 선언문의 **봉사** 부분을 보면 양식, 옷, 가구, 생활비, 집수리, 처방약값, 신생아 용품, 성탄절 선물 등으로 샴페인 지역의 가난한 사람들을 돕는 일이 포함되어 있다. 빈 무덤의 건물은 인근 그리스도인들이 기부하는 구호품을 보관해 두었다가 어려운 사람들에게 분배하는 일에 많이 쓰이고 있다.

건물의 무게를 떠받치고 있는 안쪽 벽에는 건축에 돈과 노동을 기부한 많은 교회들과 교인들의 이름이 적혀 있다. 벽 뒤쪽으로 가로 10센티미터 세로 5센티미터 크기의 공간에 교인들이 하나씩 서명했다.

실비아와 존이 가난한 사람들을 처음 돕기 시작했을 때 샴페인의 일부 흑인 아이들은 영양실조로 머리칼이 붉었다고 한다. 실비아는 말한다. "처참한 가난을 옆에 두고도 많은 교회들이 방관만 하고 있었어요. 우리는 그냥 '예수님이 돌보신다'는 말로 시작했는데, 그때부터 어려운 사람들이 하나둘씩 우리 문간에 찾아왔지요." 론즈벌 부부는 우선 옷이나 양식이나 가구가 당장 필요한 사람들부터 도왔다. "지역 봉사가 시작된 것은 그들의 필요가 보였기 때문입니다. 우리는 사람들을 만났고 그들에게는 양식이 필요했습니다. 거기서부터 시작해 우리가 더 할 수 있는 일이 무엇일지 고민했습니다."

빈민 구호에 참여할 마음이 없는 사람들을 위하여, 론즈벌 부부는 단지 빈민을 돕는 것보다 더 큰 비전에 착수했다. 실비아는 존이 빈 무덤 초창기 때부터 강조했던 말을 인용했다. "우리는 가난한 사람들을 돌보려는 게 아니라 교회들에게 제자도를 실천할 기회를 제공하려는 것입니다." 어느 교회의 한 여자가 가난한 사람들에게 음식을 가져다주기 시작하면서 자신의 경험을 다른 교인들에게 말했다. 그러자 그 교회에서 100명이 그러한 사역에 동참하겠다고 나섰다. 실비아는 말한다. "사람들이 사람들을 만나는 것이 중요해요. 그러면 어느새 그들을 사랑하게 된답니다. 더 큰 비전들이 교인들에게 통하는 것은 그 비전들이 이러한 관심에서 나왔기 때문이지요."

:: "다만 세상을 구원하고 싶을 뿐"

가난한 사람들과 세계 복음화에 대한 관심은 론즈벌 부부가 함께해 온 세월을 관통하는 주제다. 중국에서 1년 동안 영어를 가르칠 때를 제외하고 이들은 쭉 이 작은 대학촌에서 결혼 생활을 했다. 존과 실비아는 그 전에도 캠퍼스에서 아는 사이였지만, 존이 정말 실비아의 관심을 끈 것은 1969년 12월에 캠퍼스 근처의 한 술집에서 마주쳤을 때였다. 둘이 거기서 만났을 때는 마침 실비아가 언니 메리를 따라와 베트남에 관한 어떤 다큐멘터리를 본 직후였다. 실비아는 말한다. "대학 3학년 때 나는 내 인생의 주관자가 누가 될 것이냐를 놓고 하나님과 힘겨루기를 하고 있었어요. 그런데 그날 밤에 그 문제가 깨끗이 풀렸지요. 악단과 여행에 푹 빠져 살던 친언니가 놀러 와서, 우리는 함께 술집에 갔어요. 하고많은 일 중에 언니는 '가서 텔레비전이나 보자'고 했어요. 텔레비전에는 베트남전에 관한 프로그램이 나오고 있었지요.

보고 있는데, 어떤 장성이 나와서 이제 베트남 측에 맡기고 미국은 철수할 거라고 말했어요. 그때 화면 전체에 **사망**이라는 커다란 흰 글씨가 내게 보였어요. 내 눈에 똑똑히 보인 그 글씨는 예수 그리스도를 떠나서는 모든 것이 사망으로 끝난다고 말하고 있었어요. 원래 나는 잘못을 보면 바로잡아야 하는 성격이랍니다. 나는 울면서 실내를 빠져나와 화장실로 달려갔고, 내일 당장 학교를 그만두고 선교사가 되어야겠다고 다짐했지요. 그게 하나님이 원하시는 일 중의 하나라고 느껴졌기 때문이었어요."

실비아와 메리는 다른 술집으로 자리를 옮겼다. 그때 대학원 학생회 회장이던 존이 들어와 그들의 탁자에 앉았다. 그는 실비아한테 무슨 문제라도 있느냐고 물었다.

메리는 아무 일도 아니고 다만 실비아가 세상을 구원하고 싶을 뿐이라고 말했다.

실비아는 나에게 이렇게 말했다. "존에게 그 말은 고양이 앞에 생선을 던져 준 꼴이었어요. 언니가 자리를 비켜 주자 그는 눌러앉아 장장 두 시간 동안 열변을 토했답니다. 그는 학생들을 일리노이 대학교의 교수의회(전체 교수진을 대표하여 대학의 교육 정책을 결정하고 시행할 권한을 부여받은 기구—역주) 의원들이 되게 하면 결국 예수 그리스도를 위하여 세상을 복음화하는 거라고 했어요. 그 모두가 많은 지류를 거쳐 서로 통해 있었어요. 예수 그리스도를 떠나서는 모든 것이 사망으로 끝난다는 말을 들은 상태에서 그의 말을 듣고 있는데, 다시 동일한 음성이 내게 말씀하셨어요. '이 사람을 도와라. 지금까지 너는 나한테 이것저것 **못한다**는 말을 하기에 너무 바빠 정작 나한테서 네가 **해야** 할 일을 듣지 못했다. 나는 네가 이 사람을 돕기 원한다.'"

실비아는 존을 돕기로 했다. 그녀는 말한다. "나는 그 자리에서 자원했고, 그때부터 그는 나를 데리고 나가 저녁을 사 주었어요. 밤마다 우리는 학생들을 교수의회 의원들이 되게 하려고 일했지요. 그때 내가 했던 생각이 '하나님, 제게 주신 남자가 적어도 부자여서 감사합니다'였어요. 하지만 알고 보니 그는 모아 둔 돈을 전부 아주 무책임하게 쓰고 있었어요."

존은 말없이 웃기만 했다.

실비아는 말했다. "결혼할 때 우리는 정말 가난했어요. 정부에서 구호 대상자에게 주는 식량 배급표라도 받아야 할 만큼 찌들게 가난했지요. 우리는 어떤 빈 집에 살다가 결국 영세민을 위한 공영주택으로 이사했어요." 공영주택에 살던 마지막 6년 동안 론즈벌 부부는 정부의 월세 보조금을 받지 않았고, 결국 그들이 공영주택에 낸 돈이 일부 친구들이 주택 융자금을 갚는 돈보다 더 많아졌다.

론즈벌 부부가 살던 공영주택은 브래들리 파크라는 단지였다. 실비아는 말한다. "이사를 가보니 한심하게도 온 바닥에 물이 고여 있었어요. 알고 보니 처음 지을 때부터 아파트 하수구에서 오물이 그대로 역류했다고 하더군요."

론즈벌 부부는 담당 관청의 관리들에게 강하게 항의하는 등 몇 년에 걸쳐 해결 작업에 착수했다. 관리들은 공영주택 단지의 주민들이 하수구 문제를 일으킨 것이라고 우겼다. 결국 론즈벌 부부는 시의회를 설득하여, 하수구 문제를 조사하게 하겠다는 허가를 받아냈다. 조사 결과 애

초에 하수구 배관이 잘못 설비된 것으로 드러나 아파트는 대부분 보수되었다.

"어디서고 그냥 살아갈 수는 없어요. 하나님 나라에 변화를 일으켜야 해요." 실비아는 살짝 웃으며 말했다.

:: 규모 있게 움직이는 교회

존 론즈벌의 말을 듣고 있으면 빈 무덤이라는 이름의 배후에 깔린 열정이 어느 정도 느껴진다. 그는 말한다. "예수 그리스도가 정말 죽음에서 살아나셨고 정말 하나님이시라면, 그건 정말 일대 뉴스요 말로 다할 수 없이 중요한 일입니다. 지금은 그대로 전달하기 어렵지만, 고등학교 때 내가 느낀 심정은 '이게 사실이라면, 와!'였습니다. 나머지 모든 것은 중요성 면에서 그 근처에도 가지 못합니다. 그런데 사람들은 이것을 그 정도로 심각하게 취급하지 않는 것 같습니다."

그리스도인들이, 예수 그리스도께서 몸의 부활로 죽음을 정복하셨고 장차 승리의 왕이자 인류를 심판하실 의로운 재판장으로 이 땅에 다시 오실 것을 참으로 믿을진대, 마

> 그리스도인들이 예수 그리스도께서 몸의 부활로 죽음을 정복하셨고 장차 승리의 왕이자 인류를 심판하실 의로운 재판장으로 이 땅에 다시 오실 것을 참으로 믿을진대, 마땅히 그에 걸맞게 행동해야 한다.

땅히 그에 걸맞게 행동해야 한다는 것이 존의 논리다. 재정상의 결정에서도 마땅히 하나님과 그분의 목적에 우선순위를 두어야 한다. 인터뷰 중에 존이 입버릇처럼 말한 주제를 빌려서 표현하자면, 교회는 '규모 있게 움직여야' 한다.

존은 "우리는 규모 있게 움직이지 않고 있습니다. 우리는 기독교 놀이를 하고 있습니다"라고 말한다. 그것을 잘 보여 주는 예로, 존은 선교사 2,800명만 있으면 예수님의 복음을 한 번도 들어 보지 못한 모든 종족에게 복음을 전할 수 있다는 남침례교의 말을 인용한다. 선교사 1인당 6만 5,000달러의 비용이 들어간다고 추정할 때 세계 복음화에 드는 총 비용은 1억 8,200만 달러가 된다.[3]

얼핏 많은 돈 같지만 존이 내놓는 다른 숫자들을 보면 그렇지도 않다. 미국에는 재산이 500만 달러 이상인 가구가 114만 가구쯤 된다. **복음주의**라는 단어에 아주 엄격한 교리적 정의를 적용하면, 복음주의자들의 약 7퍼센트(또는 약 8만 가구)는 재산이 500만 달러가 넘으며 연소득이 40만 달러쯤 된다. 생각해 볼 것이 또 있다. 미국인들은 매년 음료수에 700억 달러를 소비하고 있는데, 한 해에 50억 달러만 있으면 예방 가능한 질병들로 인한 전 세계의 아동 사망을 종식시킬 수 있다.

인터뷰 중에 존은 1억 8,200만 달러라는 숫자와 그것이 정말 쉽게 조달될 수 있는 액수임을 거듭 되풀이해 말했다. 복음주의 교회들이 하루 2센트씩만 모으면 된다는 것이다. 그는 우리가 이 필요를 채우지 못하고 있는 것이 수치스럽고 통탄스럽다고 했다. "우리가 활동해 온 지난 35년 동안 두 가지 굵직한 일이 있었습니다. 하나는 프랭키 쉐퍼(Franky Schaeffer)가 낙태를 반대하다 체포당하자고 촉구한 일입니다(프랜시스 쉐퍼의 아들인 그는 1992년의 한 강연에서 '낙태를 막으려는 우리의 노력은 기꺼이 체포당하려는 사람들 때문에 진정성을 띤다. 낙태가 정말 살인인데도 아무도 체포당하려는 사람이 없다면 우리의 주장은 거짓이 되기 때문이다'라고 말했다.—역주). 또 하나는 좀더 최근에 나타난 미가 챌린지(Micah Challenge, 새천년개발목표 중 지구상의 빈곤 해결에 협력할 목적으로 2004년에 창설된 전 세계 기독교 네트워크—역주)로, 이들은 정말 새 천년개발목표에 주력하고 있습니다."

존은 그 두 가지 사회 참여가 모두 **정부**에 고통을 경감해 달라고 요청하는 수준을 벗어나지 못하고 있다며 답답해했다. 그는 세계 복음화가 성취 가능한 목표임을 보여 주는 통계 수치가 담긴 종이를 탁 내리치면서, "정작 이 일을 이루어내기 위한 동원(動員)은 이 안에 어디에도 없습니다"라고 말했다.

다음은 실비아의 말이다. "사람들에게 본인이 자원해서 하지 않을 어떤 일을 위하여 투표하라고 하는 것은 빈약한 정치학이라고 봅니다. 우리가 본 많은 굵직한 사회 운동들은 대개 개인적 확신을 품은 교회 사람들에게서 나온 것이며, 그 사람들이 다시 다른 사람들을 설득했습니다. 노예 제도 폐지, 여성 운동, 감옥 개혁 운동, 아동 노동법 등 모두가 적극적인 관심을 품은 교회 사람들에게서 시작되었습니다. 그들이 믿음으로 뛰어들었고, 그러자 정부 차원에서도 그런 일을 더 효율적으로 하게 된 것입니다."

존이 말을 이었다. "온 세상에 그리스도를 전한다고들 말하는데, 내 생각에 우리는 그 일을 아주 진지하고 지혜롭게 하지 못하고 있습니다. 서로 사랑하라는 지상 계명은 예수님이 우리에게 남기신 중요한 지령이고, 그 지상 계명에서 복음을 전하라는 지상 명령이 흘러나오는 이치도 쉬워 보입니다. 우리가 다른 사람들이 구원받기를 원하

> "서로 사랑하라는 지상 계명은 예수님이 우리에게 남기신 중요한 지령이고, 그 지상 계명에서 복음을 전하라는 지상 명령이 흘러나오는 이치도 쉬워 보입니다. 우리가 다른 사람들이 구원받기를 원하는 이유는 무엇입니까? 그들을 사랑하기 때문입니다. 그들을 사랑한다면 말과 행동이 일치되어야 합니다."

11. 의로운 숫자 계산

는 이유는 무엇입니까? 그들을 사랑하기 때문입니다. 그들을 사랑한다면 말과 행동이 일치해야 합니다."

:: **"우리의 돈이 곧 우리다"**

론즈벌 부부는 일찍부터 십일조를 하기로 했다. 실비아는 말한다. "나는 십일조 하는 집안에서 자라지 않았고 내가 알기로 존도 마찬가지예요. 우리의 재산 목록은 방 두 개, 매달 버는 75달러, 식량 배급표, 그리고 빈 무덤의 자동차와 전화였어요. 간혹 아이즈너라는 가게에서 도넛을 하나씩 얻기도 했지요. 우리가 십일조를 하기로 결정하던 순간이 정확히 기억나요. 그때 우리는 주차장에 있었어요. 우리가 몰던 차는 56년산 포드 픽업이었고 둘 다 청바지 차림이었어요. 내 옷은 청바지 두 벌과 웃옷 다섯 장뿐이었지요. 내가 존에게 '존, 우리 십일조를 하지 않고 있네요'라고 말했어요. 남편이 나를 바라보았고 그 순간 동시에 둘의 입에서 '맞아, 그렇지만 우린 아주 가난하잖아'라는 말이 나왔어요. 우리는 서로 바라보았고, 그때부터 십일조를 하기로 했어요. 그것으로 이야기는 끝났지요."

론즈벌 부부는 기부금으로 들어오는 소득과 의료보험 혜택을 받는 금액에 대해 십일조를 하고 있다. 이들은 빈 무덤에 도로 많이 기부한다. 존은 마태복음 23:23 말씀을, 예수님이 의롭게 살려는 사람에게 십일조가 출발점이라고 암시적으로 인정하신 것으로 이해하고 있다("화 있을진저, 외식하는 서기관들과 바리새인들이여. 너희가 박하와 회향과 근채의 십일조는 드리되 율법의 더 중한 바 정의와 긍휼과 믿음은 버렸도다. 그러나 이것도 행하고 저것도 버리지 말아야 할지니라").

이들은 봉급 주기(週期)에 맞추어 10퍼센트씩을 떼어 놓았다가 대개 교회에 그리고 그때그때 필요한 일들에 분배한다. 실비아는 말한다. "돈을 떼어 놓으면 사실 약간 재미있기도 해요. 떼어 놓았으니까 이미 돈이 준비되어 있고 그때 어떤 필요가 보이죠. 그러면 '아, 도와줄 수 있었으면 좋겠는데'가 아니라 '이 일에 얼마를 드릴까?'가 되지요. '하나님이 무엇을 원하실까?'가 되는 것이죠."

론즈벌 부부에게 십일조는 단지 하나님께 순종하는 문제만이 아니다. 십일조는 탐욕과 인색한 마음에 따라오는 자아 숭배를 의식적으로 물리치는 하나의 방법이기도 하다. 실비아는 말한다. "우리가 내린 결론은 **우리의 돈이 곧 우리**라는 것입니다. 돈은 나라는 존재와 직결됩니다. 여기에는 두 가지 개념이 있는데, 하나는 현재 우리의 시간과 재능, 즉 우리의 수고와 에너지와 자원봉사입니다. 하지만 돈이라는 것도 사실은 우리의 시간과 재능이 축적된 결과입니다. 여태까지 우리가 투자하고 쌓아 온 것이 곧 돈입니다. 유산을 받을 게 있다면 그 돈이 곧 우리의 부모입니다.

사실, 우리의 돈은 또 다른 형태의 우리입니다. 에베소서 5:5과 골로새서 3:5은 둘 다 탐욕이 우상숭배라고 지적합니다. 우상숭배란 본질적으로 하나님 대신 자아를 숭배하는 것이며, 그렇기 때문에 우리는 어떤 다른 신도 두어서는 안 됩니다. 여호와 하나님 이외의 다른 신은 모두 '나'로 귀결됩니다. 돈 문제를 해결하지 않으면 나의 일부를 숭배하는 것이고, 나의 일부를 하나님께 내놓지 않고 쥐고 있는 것입니다. 그래서 십일조는 영적 훈련입니다. 십일조야말로 우상숭배를 버리는 가장 기본적인 방법의 하나라는 의미에서 그렇습니다. 아직 돈 문제가 정리되지 않았다면 아주 실제적인 의미에서 자아가 처리되지 않은 것입니다."

론즈벌 부부는 온라인으로 발표한 한 에세이에, 어느 동료 그리스도인이 그들에게 던진 질문을 인용했다. "내가 내 돈에 대해서 하나님을 신뢰하지 못하고 있다면, 내 영원한 구원에 대해서는 정말 그분을 신뢰하고 있는 것일까?" 실비아는 거기에 이렇게 덧붙인다. "우리가 돈을 각종 청구서를 지불하는 수단으로 본다면, 십일조를 할 것이냐 말 것이냐는 소비자로서 내리는 결정이 됩니다. '나는 더 큰 집에 살 여유가 있는가? 십일조를 할 여유가 있는가? 휴가를 갈 여유가 있는가?' 그러나 돈이 다른 형태의 내 수고에 지나지 않음을 정말로 안다면, 돈을 어떻게 쓰느냐 하는 것은 내 심령과 직결됩니다. 돈은 내 존재의 반영이며 나 자신을 어디에 투자하고 있는지를 보여 줍니다."

세상의 필요와 교회의 초라한 헌금 실태를 다년간 연구해 온 론즈벌 부부는 그 둘 사이의 괴리를 좁혀 보려 애쓰고 있다. 존은 자기들이 이따금씩 그리스도인들을 J. R. R. 톨킨의 「반지의 제왕」 3부작에 나오는 두 인물에 빗대어 생각한다고 말한다. 하나는 느릿느릿 움직이는 나무인 엔트이고, 또 하나는 거의 시종일관 뭔가에 홀려 멍한 상태로 보내는 테오덴 왕이다.

실비아는 말한다. "문제는 탐욕에서 비롯된 불감증입니다. 이 나라 사람들은 꼭 풍요라는 마약에 취해 있는 것 같습니다." 그러면서 그녀는 자크 엘륄(Jacques Ellul)이 「하나님이냐 돈이냐」(*Money and Power*, 대장간 역간[4])에서 한 말, 곧 예수님이 마태복음 6장에 맘몬을 인격적 존재로 말씀하신다고 한 말을 인용한 뒤, 이렇게 덧붙였다. "맘몬은 우리의 영혼을 놓고 하나님과 싸우고 있습니다. 엄청난 축복을 받은 미국 교회는 두 갈래 길에 서 있습니다. 이 모든 자원을 가져다 하나님의 발 아래 내려놓든지 아니면 재물이라는 마약에 취하여 테오덴처럼 되고 엔트처럼 되든지 둘 중 하나입니다. 사람들을 깨우려면 비전과 도덕성을 갖춘 지도자들이 필요한데 그런 사람들이 보이지 않습니다."

그래도 론즈벌 부부는 절망할 지경에는 이르지 않았다. 그들은 또한 은퇴라는 개념을 재미있어 한다. 실비아는 말한다. "진리를 말하는 일을 어떻게 멈추겠어요? 이건 직장이 아니라 우리의 운명 같은 것이랍니다. 숨 쉬는 것처럼 꼭 해야 하는 일이지요. 이건 믿음의 문제입니다. 우리는 결과를 보자고 나서는 게 아니라 진리를 말하자고 나서는 것입니다."

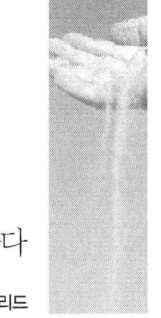

맺는 말 _ 청지기적 삶은 하나님께 드리는 감사다

토머스 맥그리드

2008년 9월 중순, 나는 천주교 진영에서 청지기적 삶의 선구자인 몬시뇨르(천주교 성직자의 칭호-역주) 토머스 맥그리드(Thomas McGread)와 대화하러 비행기를 타고 캔자스 주 위치타로 갔다. 청지기직에 대한 그의 비전 덕분에 위치타 교구의 교인들은 등록금을 낼 필요 없이 자녀를 교구 학교들에 보낼 수 있다. 몬시뇨르 토머스는 위치타 시내에 있는 아시시의 성 프랜시스 성당(St. Francis of Assisi Catholic Church)의 주임 신부로 31년을 섬기고 1997년에 은퇴했다. 나중에 그는 교구의 청지기직 책임자로 일하기도 했다. 그가 교회와 교구에 도입한 청지기적 삶은 교인들로 하여금 하나님의 은혜에 감사하여 자신의 시간과 재능을 그분께 얼마나 돌려드리고 있는지를 스스로 돌아보게 해주었다.

그는 자신의 작은 방에 앉아 이렇게 말했다. "그리스도께서는 우리를 위하여 돌아가셨고 그래서 우리는 미사에 갑니다. 그분께 감사드리러 가는 것입니다. 청지기적 삶이란 바로 하나님께 드리는 감사입니다. 우리는 오락과 스포츠에는 얼마든지 시간을 내면서 정작 하나님께 드릴 시간은 없습니다. 그러면서 나중에 천국에 가기를 바랍니다. 천국에서 살려면 지금부터 **준비해야** 합니다. 그래서 우리는 이것을 프로그램이 아니라 생활 방식이라 부릅니다. 우리는 이 방식으로 살고 싶고 그리스도와 함께 살고 싶습니다."

> "그리스도께서는 우리를 위하여 돌아가셨고 그래서 우리는 미사에 갑니다. 그분께 감사드리러 가는 것입니다. 청지기적 삶이란 바로 하나님께 드리는 감사입니다."

이 생활 방식에는 하루 24시간 쉬지 않고 하는 성체조배(천주교 등에서 성체 속에 현존하시는 예수님께 성체 앞에서 올리는 예배―역주)도 포함된다. 몬시뇨르 토머스는 성체조배가 사람들을 예수님의 마음으로 더 가까이 이끌어 주고, 그 자연스런 결과로 하나님의 후하심을 더 풍성히 베풀게 한다고 믿는다.

1960년대에 아일랜드에서 이민 온 여덟 명의 신부 가운데 하나로 위치타 교구에 온 몬시뇨르 토머스는 지금도 말투에 모국어 억양이 조금 남아 있다. 인터뷰 당시에 여든이 다 되었던 그는 전화로 기도 제목을 알려오는 오랜 교인을 "얘야"라고 부를 그런 온화한 노신부다. 몬시뇨르는 말이 많지 않은 사람이다. 물론 질문에 '예, 아니오'로만 답하는 것은 아니지만 그래도 사실만 간단히 말하는 것으로 그친다.

그의 도움으로 미국 천주교 주교회의가 "청지기직: 제자의 반응(Stewardship: A Disciple's Response)"이라는 목회 서신을 작성하기는 했지만, 그는 주교들이 때로 청지기적 삶의 진전을 막는다고 우려한다.

그는 이렇게 말한다. "가장 큰 장벽은 일부 주교들이 청지기 개념을 약간 두려워한다는 것입니다. 아무래도 그들은 그것을 잘 이해하지 못하는 것 같습니다. 많은 주교들이 청지기직을 돈의 문제라고 생각합니다. 그 목회 서신을 작성할 때도 주교들은 제목에 청지기라는 단어가 들어가는 것을 꺼리며 그냥 '제자의 반응'으로 하려고 들더군요. 하지만 우리는 청지기가 성경적인 단어라고 그들을 설득했습니다. 그리스도께서 선한 청지기에 대해 자주 말씀하셨으니 우리도 그 뜻을 풀어내야 합니다. 청지기의 삶이란 돈보다 훨씬 더 광범위한 것이며, 주가 되는 것은 시간입니다."

1983년경에 몬시뇨르 토머스는 조지아 주 어거스타의 천주교 청지기직 자문단을 상대로 워크숍을 시작했다. 지금은 건강이 좋지 않아―그는 심장 우회 수술을 여섯 차례나 받았고 다리도 불편하다―직접 워크숍에 나가지 못하고, 대신 전에 건강이 좋았을 때 녹화해 둔 비디오로 자문 활동을 하고 있다.

"사실상 모든 성경 본문에 청지기직에 관한 내용이 들어 있습니다."

사람들에게 청지기 신학을 가르칠 때 몬시뇨르는 어떤 커리큘럼에도 의존하지 않는다고 한다. "그냥 성경으로 합니다. 성경에 있는 것으로 충분합니다. 사실상 모든 성경 본문에 청지기직에 관한 내용이 들어 있습니다."

내가 몬시뇨르에게서 특히 깊은 인상을 받은 것은 그가 거둔 사역의 결실이 주변에 가득한데도 그에 대해 일절 말이 없다는 것이었다. 인터뷰를 부탁하려고 전화를 걸었을 때 나는 그가 신도시의 콘도나 단독주택에 살고 있을 것 같은 인상을 받았다. 하지만 그는 양로원에서 살고 있었다. 양로원 바로 옆에는 교구의 방대한 집회 시설인 영성 생활 센터가 있고, 같은 단지 내에 은퇴한 신부들이 사는 집도 있다.

이 모든 건물이 몬시뇨르 토머스가 교구의 청지기직 책임자로 있는 동안에 지어졌다. 이런 정보는 그가 자청해서 밝힌 게 아니라 내 질문을 받고 시인해 준 것이다. 영성 생활 센터 바로 동쪽에는 같은 시기에 조성된 승천 묘지가 있다. 몬시뇨르와 같은 시기에 미국에 온 아일랜드 신부 몇이 거기에 묻혀 있고, 몬시뇨르도 거기에 영면할 것이다.

몬시뇨르는 비록 말년의 요한 바오로 2세만큼 노쇠하지는 않지만 내게 그 교황을 연상시켰다. 성도들은 이렇게 늙어 가고 하나님을 만날 준비를 한다. 대화를 마친 후에 나는 승천 묘지를 거닐었다. 우뚝 솟아 캔자스 평원을 굽어보는 부활하신 그리스도의 금 조각상이 감탄을 자아냈다. 어린이 묘지 구역이 있어서 보니 한 무덤에 스펀지밥이 그려진 작은 장식품이 놓여 있었다.

이 모든 땅의 구속(救贖)적 활용은 한 신부가 주로 가난한 사람들로 이루어진 자신의 작은 교회를 향하여 하나님과 더 많은 시간을 함께 보내라고 도전했기 때문에 가능했다. 어느새 내 눈에서는 눈물이 흐르고 있었다.

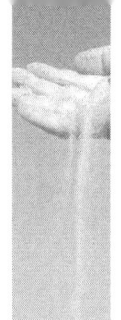

주

시작하는 말

1) Michael W. Holmes 편집 및 번역, *The Apostolic Fathers in English*, 3판 (Grand Rapids: Baker, 2006), 163-164, 165, 170.

2) Philip Schaff, *Sulpitius Severus, Vincent of Lerins, John Cassian*, "How Those Who Live Under the Grace of the Gospel Ought to Go Beyond the Requirement of the Law." Christian Classics Ethereal Library 웹사이트, http://www.ccel.org/ccel/schaff/npnf211.iv.vi.v.v.html, 2009년 6월 10일 접속.

3) Philip Schaff, *Fathers of the Third and Fourth Centuries: Lactantius, Venantius, Asterius, Victorinus, Dionysius, Apostolic Teaching and Constitutions, Homily*, "Of First-Fruits and Tithes, and After What Manner the Bishop is Himself to Partake of Them, or to Distribute Them to Others," Christian Classics Ethereal Library 웹사이트, http://www.ccel.org/ccel/schaff/anf07.ix.iii.iv.html, 2009년 6월 10일 접속.

4) Randy Alcorn, Money, *Possessions and Eternity* (Carol Stream, IL: Tyndale, 2003), 185. 「돈, 소유 그리고 영원」(예영커뮤니케이션, 2006).

1. 다른 사람들이 목숨이라도 부지하도록

1) Ronald J. Sider, *Rich Christians in an Age of Hunger: Moving from*

Affluence to Generosity (Downers Grove, IL: InterVarsity, 1977). 「가난한 시대를 사는 부유한 그리스도인」(IVP, 1998, 2009).
2) Ronald J. Sider & Richrad K. Taylor, *Nuclear Holocaust and Christian Hope: A Book for Christian Peacemakers* (Downers Grove, IL: InterVarsity, 1983).
3) Ronald J. Sider, *The Graduated Tithe* (Downers Grove, IL: InterVarsity, 1978).
4) 같은 책, 3.
5) Ron Sider, "The Ministry of Affluence: A Graduated Tithe," *HIS* 33, No. 3 (1972년 12월), 6-8.
6) Sider, *Rich Christians in an Age of Hunger*, 44.

2. 카트리나 이후의 선교적 삶
1) 2009년 9월에 제리 크레이머는 자신이 수태고지 교회를 이임하고 탄자니아 선교사로 다시 돌아갈 준비를 하고 있다고 발표했다.

3. 전통을 잇는다
1) Ephraim Radner & George R. Sumner, *Reclaiming Faith: Essays on Orthodoxy in the Episcopal Church and the Baltimore Declaration* (Grand Rapids: Eerdmans, 1993).
2) Frederica Mathewes-Green, *Facing East: A Pilgrim's Journey into the Mysteries of Orthodoxy* (New York: HarperSanFrancisco, 1996).
3) 참고. 말 3:10

4. 보증금
1) Metanoia Peace Community, "Glossary of Terms"의 "Nonviolent Direct Action" 항목. http://www.matanoiaumc.org/glossary2.htm에서 볼 수 있다.

2) 같은 교회 웹사이트, "A Brief History." http://www.matanoiaumc.org/briefhistory.htm에서 볼 수 있다.
3) 같은 교회 웹사이트, "Membership Covenant." http://www.matanoiaumc.org/membercovenant.htm에서 볼 수 있다.
4) 일부 진보 그리스도인들처럼 존도 하나님의 나라(kingdom)를 말할 때 g자를 빼는 경향이 있다. 나라보다 집(kin-dom)의 개념이 덜 권위적으로 들린다는 것이다.
5) Paul Kirk & Pat Schwiebert, *When Hello Means Goodbye* (Portland: Oregon Health & Science University/Perinatal Loss, 1985).

5. 보물을 하늘에 쌓아 두라

1) Amy Corneliussen, "Abortion Foes Face Resolute Opponent," *Los Angeles Times*, 1998년 1월 25일. http://articles.latimes.com/1998/jan/25/local/me-aa913에서 볼 수 있다.
2) Randy Alcorn, *Is Rescuing Right?* (Downers Grove, IL: InterVarsity, 1990).

6. "못하겠다고 말하지 말라"

1) Jerald January & Steve Wamberg, *A Messed-Up Ride or a Dressed-Up Walk: A Stirring Autobiography of Hope for the City, Love for God, and a Faith That Stays the Course* (Grand Rapids: Zondervan, 1994).
2) 같은 책, 12-13.
3) Jerald January, *A Second Time* (Hazel Crest, IL: CoolSprings Publishing, 1996).
4) 요 14:2.

7. 깊은 기쁨과 깊은 갈망의 만남

1) Kevin Jones, "The Rise of the Right in the Republican Party," 2002년 11

월 2일, 인디애나폴리스에서 보도한 내용. http://www.theocracywatch. org/Report_From_Indianapolis.html에서 볼 수 있다.

2) 이런 기사들을 비롯해 그 밖의 더 많은 글을 www.everyvoice.net/archive 에서 볼 수 있다.

3) Every Voice Network: Anglican Voices United for Justice, "About Our Team," Kevin Jones. http://www.everyvoice.net/archive/modules. php?op=modload&name=Static&mod=About2&file=index에서 볼 수 있다.

4) Good Capital, "FAQs." http://www.goodcap.net/faqs.php에서 볼 수 있다.

5) Edmund Sanders & Robyn Dixon, "Dark Cloud over Good Works of Gates Foundation," *Los Angeles Times*, 2007년 1월 7일. http:// www.latimes.com/news/la-na-gatesx07jan07,0,200910,full.story에서 볼 수 있다.

6) Frederick Buechner, *Wishful Thinking: A Seeker's ABC* (New York: Harper One, 1993, 개정판), "직업" 항목. 「통쾌한 희망 사전」(복있는사람, 2005).

8. 공동체 의식

1) 신학자들은 하나님의 세계 교회가 생겨나고 첫 6년 동안 그 교회 신학의 문제점들에 대하여 상세한 글들을 썼다. 1990년 중반에 이 교회의 지도자들은 설립자 허버트 W. 암스트롱의 신학을 재고한 뒤 결국 그 신학을 부인했다. 2009년 4월에는 교회 명칭을 Grace Communion International(국제 은혜 교회)로 바꾸었다.

2) Seventh-Day Adventist Church, "Guidelines on the Use of Tithe." http://www.adventist.org/beliefs/guidelines/main_guide4.html에서 볼 수 있다.

3) 같은 문건.

4) 고전 10:26.
5) 참고. 고전 16:2.
6) 참고. 히 10:25.

9. "늘 주시는 것이 하나님의 속성이다"
1) 꾸르실료 운동에 대한 더 자세한 내용은 http://www.natl-cursillo.org/whatis.html을 참조하라(우리말 웹사이트 http://www.cursillo.or.kr).

10. "나나 당신에 대해서도 그런 이야기를 합니까?"
1) 이스로엘 밀러는 그 뒤로 캐나다 앨버타의 캘거리에 있는 야곱의 집 회당(House of Jacob Congregation)의 랍비가 되어 현재까지 이르고 있다.
2) 참고. 말 3:10.
3) Nachman Schachter & Moshe Heinemann, *Guide to Halachos: A Quick Reference Manual of What You Can Do in Common Occurring Situations* (New York: Feldheim, 2003).
4) *Ahavath Chesed: The Love of Kindness as Required by God* (New York: Feldheim, 1976).
5) *Chafetz Chaim: A Lesson a Day* (New York: Artscroll/Mesorah, 1995).

11. 의로운 숫자 계산
1) *The State of Church Giving Through 2006: Global Triage, MDG 4, and Unreached People Groups*, 18판 (Champaign, IL: Empty Tomb, Inc., 2008). http://www.emptytomb.org/pubs.html에서 볼 수 있다.
2) 같은 책, 뒤표지.
3) 같은 책, 65-67, 118.
4) Jacques Ellul, *Money and Power*, 2판 (Downers Grove, IL: InterVarsity, 1985). 「하나님이냐 돈이냐」(대장간, 2010).

맺는 말 _ 청지기적 삶은 하나님께 드리는 감사다

1) "Stewardship: A Disciple's Response" (Washington, D.C.: United States Conference of Catholic Biships, 2002). http://www.usccb.org/stewardship/disciplesresponse.pdf에서 볼 수 있다.

옮긴이 윤종석은 서강대 영어영문학과를 졸업하였으며, 미국 Golden Gate Baptist Theological Seminary에서 교육학(MA)을, Trinity Evangelical Divinity School에서 상담학(MA)을 공부했다. 「마음과 마음이 이어질 때」, 「남자는 무슨생각을 하며 사는가?」, 「하나님이 축복하시는 삶」, 「하나님의 음성」, 「모자람의위안」, 「거침 없는 은혜」(이상 IVP), 「재즈처럼 하나님은」(복있는사람), 「영성 수업」(두란노) 등 다수의책을 번역하였다.

IVP 영성의 보화 04

십일조

초판 발행_ 2011년 8월 16일
초판 2쇄_ 2022년 8월 30일

지은이_ 더글라스 르블랑
옮긴이_ 윤종석
펴낸이_ 정모세

펴낸곳_ 한국기독학생회출판부
등록번호_ 제2001-000198호(1978.6.1)
주소_ 04031 서울시 마포구 동교로 156-10
대표 전화_ (02)337-2257 팩스_ (02)337-2258
영업 전화_ (02)338-2282 팩스_ 080-915-1515
홈페이지_ http://www.ivp.co.kr 이메일_ ivp@ivp.co.kr
ISBN 978-89-328-1244-1

ⓒ 한국기독학생회출판부 2011

책값은 뒤표지에 있습니다.
무단 전재와 복제를 금합니다.